Ann Swindell

Wenn du wartest ... bin ich bei dir

[Was passierte, als Gott mein wichtigstes Gebet nicht erhörte]

Deutsch von Renate Hübsch

 BRUNNEN
Verlag GmbH · Giessen

© 2018 Brunnen Verlag Gießen
Lektorat: Konstanze von der Pahlen
Umschlagfoto: Shutterstock
Umschlaggestaltung: Daniela Sprenger
Satz: DTP Brunnen
Druck: GGP Media GmbH, Pößneck

ISBN Buch 978-3-7655-2084-6
ISBN E-Book 978-3-7655-7507-5
www.brunnen-verlag.de

Stimmen zu diesem Buch

Wie ein Leidensweg ins Leben führt und Zukunftsperspektive aufzeigt, schildert Ann Swindell in äußerst berührender Weise. Gerade mit dem Ende ihres Versteckspiels kommt sie aus ihrer heimlichen Welt heraus und erntet damit Achtung und Bewunderung. In jeder Beziehung ein Buch mit Vorbildcharakter.

Kathi Steiert, Erzieherin

Möge dieses Buch dazu beitragen, dass Ihre Liebe zu Jesus wächst und Sie sich fest darauf verlassen, dass er Ihnen überall begegnen kann, auch und gerade dann, wenn Sie warten.

Jimmy Seibert, Pastor

Ann Swindells behutsame und sorgfältig gewählte Worte haben mein Herz erreicht, das so oft ungeduldige Fragen stellt, besonders wenn ich warten muss. Sie weisen einen Weg zu der Wahrheit, die Leben verändert, und bieten Ermutigung und Hoffnung.

Terri Kraus, Autorin

Dieses Buch bietet allen von uns, die leiden und es müde sind, noch länger zu warten, zuverlässigen Boden unter den Füßen.

Hayley Morgan, Bestsellerautorin

Für Michael.
Deine Liebe führt mich immer zu Jesus.

Inhalt

Vorbemerkung der Autorin

Dieses Buch ist kein Protokoll meines Lebens, sondern eher ein Reisebericht, den ich aus der Erinnerung schreibe. Um der Kürze willen habe ich manche Ereignisse verdichtet und die zeitlichen Abläufe gerafft. Außerdem habe ich Namen geändert, um die Anonymität der betreffenden Menschen zu wahren. Dennoch: Menschen, Ereignisse und Orte, die in diesem Buch vorkommen, sind alle real und bedeuten mir sehr viel.

Auch das Leben der Frau, die jahrelang an schweren Blutungen litt, war real – wenngleich der biblische Bericht uns kaum Einzelheiten verrät. Ich habe viel Zeit in Bibliotheken verbracht und aus unzähligen Büchern herausgefischt, was ich über ihre Geschichte finden konnte. Aber gesicherte Fakten sind spärlich. Daher beruht meine Wiedergabe ihrer Geschichte – die ich hier als fiktive Parallele zu meiner eigenen erzähle – zwar auf soliden Forschungen, muss aber doch in weiten Teilen Mutmaßung bleiben. Wir wissen nicht, wie alt sie war, als sie Jesus begegnet ist, und wir kennen auch die Ursache und Art ihrer Blutungen nicht. Meine Annahmen in diesem Buch stützen sich auf Studien und Hypothesen von Bibelwissenschaftlern und Historikern, die sich mit den Gegebenheiten des ersten Jahrhunderts gut auskennen.

Ich wünsche mir, dass die Geschichte der blutflüssigen Frau und auch meine eigene Geschichte auf Jesus Christus verweisen und Ihnen seine Wahrheit und Güte vor Augen malen. Er ist der Grund dafür, dass ich dieses Buch geschrieben habe – und dafür, dass ich überhaupt eine Geschichte zu erzählen habe.

Eine Frau, die weiß, was warten heißt

Unter den Leuten war auch eine Frau, die seit zwölf Jahren an schweren Blutungen litt. Sie war bei vielen Ärzten in Behandlung gewesen und hatte dabei viel gelitten und ihr gesamtes Vermögen ausgegeben, aber es hatte nichts genützt; im Gegenteil, ihr Leiden war nur noch schlimmer geworden. Diese Frau hatte von Jesus gehört. Nun drängte sie sich in der Menge von hinten an ihn heran und berührte sein Gewand.

Markus 5,25-27 (NGÜ)

Schon viele Jahre begleitet mich die Geschichte der blutflüssigen Frau. Immer wieder spricht diese biblische Erzählung zu mir und klingt in meinem Leben nach. Ich ertappe mich dabei, dass ich an diese Frau denke, mir manche Frage über ihr Leben stelle, immer wieder neue Einzelheiten ihrer Geschichte aus theologischen Büchern oder Kommentaren heraussuche. Ich möchte verstehen, wer sie war und wie ihr Leben in all den Jahren ausgesehen hat, bevor sie Jesus begegnet ist. Ich möchte aufdecken, was ihre Geschichte uns darüber sagt, wer Jesus Christus ist und wie er sich Menschen zuwendet, die Schweres zu tragen haben.

9

Die Bibel gibt nur wenig Einblick in ihr Leben, bietet uns nur ein paar dünne Erzählfäden. Seit zwölf Jahren leidet sie an Blutungen. All ihr Geld hat sie für Ärzte verbraucht, die ihr nicht helfen konnten. Körperlich geht es ihr immer schlechter.

Und dann braucht es nur einen einzigen Kontakt zu Jesus, um ihr zerstörtes Leben zu heilen und alles zu verändern.

Das ist so ungefähr alles, was wir wissen. Zusammengeflochten wird aus diesen Fäden ein dünnes Seil, an dem ich mich entlanghangeln kann, um die Frau aus den Evangelien zu verstehen. Ich kenne weder ihren Namen noch ihr Alter, ich weiß nicht einmal, wann ihre Blutungen begannen. Vermutungen, Theorien und Denkmöglichkeiten über sie gibt es reichlich. Und doch wahrt sie ihr Geheimnis.

Aber dieses Geheimnis hilft mir, mich mit ihr zu identifizieren. Wo ich ihr Gesicht nicht sehen kann, kann ich mir mein eigenes vorstellen. Da ich ihren Namen nicht weiß, habe ich meinen zwischen die Zeilen meiner Bibel geschrieben. Ich habe versucht, mich in die blutflüssige Frau hineinzuversetzen.

Ich will nicht behaupten, dass das Leid, das ich in meinem Leben erfahren habe, mit dem dieser Frau zu vergleichen ist. Ich weiß nicht, wie es ist, zwölf Jahre lang unter Blutungen zu leiden, die mich sozial und religiös isolieren, ohne Hoffnung auf Besserung. Aber ihre Geschichte ist in vieler Hinsicht auch eine Geschichte des Wartens – und irgendwann in unserem Leben müssen wir wohl alle mal auf etwas warten.

Ich jedenfalls kenne das Warten – Jahre des Hoffens und Betens und des Träumens von einer Heilmethode, die kein Arzt mir bieten kann. Jahre des Wartens auf eine heilende Begegnung mit Jesus. Jeder neue Morgen erinnert mich daran, dass mir keine Heilung versprochen und kein Schlussstrich unter meinen Zustand garantiert ist.

Wie diese Frau habe ich auf Jesus gewartet. Und dabei meine eigene Geschichte mit Gott gelebt – vielleicht eine ähnliche Geschichte wie die meiner biblischen Schwester. Nein, ich bin nicht dieselben Wege gegangen und habe nicht in denselben Lebensumständen gelebt. Aber ich habe dieselbe Frage gestellt: Wird Gott mir schenken, wonach ich suche? Und je länger das Warten dauerte, desto mehr Fragen hatte ich. Werde ich ihn trotzdem lieben, egal was geschieht? Werde ich ihm weiter vertrauen können?

Mitten in all diesen Fragen und Gebeten und Zweifeln stellte ich fest, dass ich auf einen Gott wartete, den ich nicht immer verstand oder ergründen konnte.

Aber ich bin ihm begegnet – *während* ich wartete.

Und das hat für mich alles verändert.

1
Wie alles begann

Ich stelle mir vor, ihr Name war Sarah. Ein guter Name – der Name von Abrahams Frau, dem Stammvater ihres Volkes. Ihre Eltern hatten ihn ihr gegeben, vielleicht etwas mehr als zwanzig Jahre zuvor, als sie nur ein Knäuel mit strampelnden Beinen und zappelnden Armen gewesen war, die in die Luft griffen und nach dem Nichts haschten. Sie war klein und kränklich gewesen bei ihrer Geburt und ihre Eltern hatten Sorge gehabt, dass sie nicht durchkommen würde. Deshalb hatten sie sie Sarah genannt – ein starker Name, der auch dieses Kind stark machen sollte.

Ob es nun der Name war oder der Segen des Gottes, den ihre Eltern verehrten: Sarah schaffte es durch ein schwieriges erstes Lebensjahr und wurde ein gesundes und glückliches kleines Mädchen. Wie die anderen Mädchen im Dorf blieb sie im Haus bei der Mutter und lernte, Ordnung zu halten und zu kochen und Geschichten zu erzählen. Ihr Vater verdiente mit seinen Schmiedearbeiten gutes Geld und er würde ihr einen ehrbaren Ehemann suchen, wenn es dafür Zeit war. Ihre Mitgift würde ausreichen, um ihr einen aufrechten Mann zu bescheren, und der gute Name ihres Vaters brachte die ersten Bewerber schon ins Haus, als sie erst zwölf war.

Die erste Blutung kam, als Sarah vierzehn war. Dies war Anlass zu einer stillen Feier in der Familie – sie hatte ihre Menstruation bekommen und war zur Frau geworden. Ihre Mutter erklärte ihr, was sie in Zukunft im Blick auf ihren Körper zu erwarten hatte und was dies bezüglich ihrer Reinheit in der Dorfgemeinschaft bedeutete. Jeden Monat würde sie einige Tage lang nicht zum gemeinsamen Gottesdienst gehen und auch keine Besuche bei anderen machen können. Das war keine Strafe; es war für Frauen ganz normal.

Dann lächelte ihre Mutter und sprach von der Zukunft, die vor ihrer Tochter lag. Vielleicht würde sie noch in diesem Jahr verlobt und im nächsten oder übernächsten verheiratet werden. Ob sie sich vorstellen könne, flüsterte die Mutter, welche Freude es sein würde, eigene Kinder zu haben? Vielleicht würde sie bereits zwei – oder mit dem Segen Gottes auch drei – Kinder haben, bevor sie zwanzig war.

Sarah staunte, was so ein bisschen Blut alles verändern konnte. Sie genoss ihren neuen Status – sie war glücklich, dass ihre Mutter glücklich war und ihr Vater ihr sein anerkennendes Lächeln schenkte. Das Leben veränderte sich vor ihren Augen. Sie war jetzt eine Frau. Bald würde sie ihr Elternhaus verlassen.

Aber nach zwei Wochen hatte die Blutung noch nicht aufgehört. Ihre Mutter, die zuerst so froh über die Nachricht gewesen war, begann, sich Sorgen zu machen. Sarah erkannte es daran, wie ihre Mutter am Morgen den Brotteig knetete – viel zu heftig und zu lange. Die Fladen für das Abendessen gerieten unförmig und teigig. Als Sarah fragte, wann das Bluten aufhören würde, antwortete die Mutter, es hätte schon längst aufhören sollen. „Eine Woche", sagte sie, „es sollte immer nur höchstens sieben Tage dauern, nicht länger."

Sarah verstand nicht, was vor sich ging – in ihrem Körper und im Kopf ihrer Mutter.

Nach drei Wochen hörte Sarah, wie die Mutter leise mit dem Vater sprach, als sie glaubten, dass die Kinder schliefen. Sarah teilte sich eine Matte mit ihrer jüngeren Schwester; die älteren Brüder lebten bereits nicht mehr im Haus und der Jüngste war erst fünf und schlief tief und fest. Sarah vernahm die Angst in der Stimme ihrer Mutter und spitzte die Ohren, um zu hören, was sie sagte.

Aber das Flüstern war zu leise, um etwas zu verstehen. Und doch wusste sie: Etwas stimmte nicht. Etwas stimmte nicht mit ihr.

Der Bericht über die blutflüssige Frau nimmt nur wenige Verse in der Bibel ein. Aber diese wenigen Verse haben eine bemerkenswerte Kraft. Sie wecken in mir eine Betroffenheit, die mich Gott in die Arme treibt.

Der Schwerpunkt der biblischen Erzählungen über die Frau liegt auf ihrer Begegnung mit Jesus – auf dem Augenblick der Heilung, der ihr ganzes Leben umkrempelte. Aber es beschäftigt mich, wie das Leben dieser Frau wohl *vor* ihrer Begegnung mit Jesus war, wie es konkret ausgesehen hat. Sie hatte ja jeden einzelnen Tag der zwölf Jahre zuvor durchlebt.

Doch wir wissen nicht viel darüber. Die Evangelisten vermerken schlicht und einfach, dass sie zwölf Jahre unter Blutungen litt. Aber es waren ja nicht nur zwölf Jahre mit Blutungen, es waren auch zwölf Jahre des *Wartens*. Und Warten ist meist nicht von großer Ruhe und Gelassenheit geprägt.

Ich fühle mich seltsam hingezogen zu dieser Zeit – dazu, was sie ausgemacht hat, wie sie sich von innen angefühlt hat. Ich fühle mich hingezogen zu dem Schmerz, der in jedem Moment dieser 4380 Tage spürbar gewesen sein muss. Denn wer als eine Frau mit ständigen Blutungen versteht besser, welchen Schmerz es bedeutet, in jedem einzelnen Moment zu spüren, wie Leben aus dem Körper strömt? Wer, wenn nicht sie, weiß etwas von dem Kampf, auf eine scheinbar unmögliche Heilung zu warten?

Die Vorgeschichte dieser Frau davor zieht mich an – die Jahre, Tage, Augenblicke –, weil ich selbst Jahre des Wartens durchlebt habe. Tage voll Verzweiflung und Sehnsucht, die sich länger hinzogen als zwölf Jahre.

Meine eigene Geschichte ist weniger dramatisch als die Geschichte dieser Frau – weniger offensichtlich vielleicht. Aber es ist auch eine Geschichte voller Scham und Verstecken, eine Geschichte des Wartens, die mich fast besiegt hätte.

Wo meine Geschichte beginnt

Wie meine biblische Schwester wuchs ich in einer Familie auf, in der ich von klein auf von Gott hörte. Bevor ich sprechen oder nur einzelne Worte stammeln konnte, wurde ich in die christliche Gemeinde hineingetauft. Ein Pfarrer in grauem Talar hielt mich in meinem weißen Taufkleid über das Taufbecken, besprengte mich mit Wasser und nahm mich so in das Leben der Gemeinde auf. Dieser Moment markiert nicht nur das Versprechen meiner Eltern, mir den christlichen Glauben nahezubringen; es ist auch der erste von vielen weiteren besonderen Augenblicken auf meinem Weg zu Christus. Denn auch wenn das vielleicht ein wenig schlicht klingt: Ich kann mich an keinen einzigen Tag meines Lebens erinnern, an dem ich Gott nicht geliebt hätte. Ich hatte schon immer Sehnsucht danach, ihn zu kennen. Und so ist es bis heute.

Ich war ein Kind mit wacher Auffassungsgabe und suchte immer und überall nach dem Verbindenden – in jeder Blume, jedem Lied, jedem Menschen. Ich glaubte, dass man Gott überall finden konnte, wenn ich meine Augen nur weit genug aufriss, um ihn zu entdecken. Ich sang Lieder für Gott, die ich mir selbst ausgedacht hatte. Ich summte ihm etwas vor, wenn ich die Muster in den Rinden der Bäume in unserem Garten bestaunte; ich tanzte für ihn, wenn ich mich bückte, um die Erdbeersüße der Maiglöckchen zu riechen, die auf dem Rasen blühten.

Ich betete mit kindlicher Inbrunst und schlief voller Träume und Ängste über dem Versuch ein zu verstehen, was Ewigkeit bedeutet. Einmal, ich war vielleicht sieben oder acht Jahre alt, rief ich im Dunkeln nach meiner Mutter, weil die Vorstellung mich so erschreckte, dass das Leben einfach immer weitergehen könnte. Sie nahm mich in den Arm, aber sie vermochte mir die Antwort nicht zu geben, die ich hören wollte, weil sie das Unerklärbare nicht erklären konnte: die schwindelerregende Vorstellung der Unendlichkeit.

Trotz meiner Ängste und der vielen Dinge, die ich nicht verstehen konnte, sprach ich jeden Abend, an den ich mich erinnern kann, mein Abendgebet. Ich sagte Gott meine Hoffnungen und wofür ich dankbar war, nannte ihm meine Wünsche und Sehnsüchte. Ich flüsterte in meinem Zimmer ins Dunkel oder betete schweigend, aber voller Hoffnung, dass er mich hören konnte. Ich glaubte, dass er mir zuhörte.

Wie die Geschichte der blutflüssigen Frau beginnt auch meine Leidensgeschichte – die anfangs noch trivial erscheinen mag – schon recht früh. Ich war elf. Den Anfang markierte etwas Unbedeutendes, das in meinem Leben zunächst keine große Rolle spielte. Ich wirkte bei einer Schulaufführung des Musicals *Die Piraten von Penzance* mit. Falls Sie diese komische Oper von Gilbert und Sullivan nicht kennen: Es geht um Piraten, eine Gruppe von Schwestern (ich war eine davon) und einen Held und eine Heldin, die sich ineinander verlieben. Eine klassische Romanze also – nur dass noch Piraten eine Rolle spielen. Ich liebte die Musik, ich liebte das Rüschenkleid, das ich trug, liebte die Wärme der Scheinwerfer auf meinem Gesicht und den ganzen Wirbel aus Farbe und Klang und Text, der mich umgab.

Seit der dritten Klasse trug ich eine Brille, aber in der fünften bat ich meine Eltern, Kontaktlinsen tragen zu dürfen. Jeden Morgen setzte ich mir die winzigen Scheiben auf die Pupillen, spürte, wie sie sich ins Zentrum des Auges schoben. Jeden Abend nahm ich sie vorsichtig heraus, reinigte sie und verwahrte sie in der Linsenbox.

Während dieser Wochen in der fünften Klasse mit den *Piraten von Penzance* geschah etwas. Ich entwickelte eine Faszination für meine Augen – und vor allem für meine Wimpern und Augenbrauen. Vor jeder Aufführung schminkte ich mich mit Theaterschminke und Mascara. Ich hatte vorher noch nie Make-up getragen und das Auftragen der Wimperntusche machte meine Augen für mich noch faszinierender. Immer wieder strich ich mir über die Wimpern oder berührte sie mit den Fingerspitzen. Meine Wimpern waren lang und dicht; ich habe sie von meinem Vater geerbt. Sie waren wunderbar.

Dann, während einer Vorstellung, als ich hinter der Bühne auf mein Stichwort wartete, passierte es: Ich zupfte mir die erste Wimper aus. Ich kann mich noch genau an den Moment erinnern, an das Gefühl dabei. Es fühlte sich gut an, so wie ein erleichterndes Niesen. Es fühlte sich an wie das Knacken, wenn man ein Einmachglas öffnet. Es fühlte sich an wie der Beginn von etwas, das ich nicht verstand.

Auch wenn ich es damals noch nicht wusste: An diesem Tag begann ich mit einem Verhalten, das sich nach dem Schneeballprinzip ausweitete. Was mit diesem einen flüchtigen Moment begann, wuchs sich lawinenartig zu einem tiefen Kampf in meinem jungen Leben aus. Nach diesem Moment habe ich mir jeden Tag Wimpern ausgezupft. Jeden einzelnen Tag. Es fühlte sich an, als ob sich eine Spannung löste. Es fühlte sich an, als ob ich nie wieder damit aufhören könnte.

Es ist ungewöhnlich, ich weiß. Und es ist befremdlich.

Anfangs bemerkten meine Eltern nichts davon; jedenfalls nicht, dass ich wüsste. Ich machte mir auch selbst nicht allzu viele Gedanken darüber. Aber bald waren die haarlosen Stellen um meine Augen deutlich zu erkennen.

Ich wusste nicht, was mit mir geschah, und meine Eltern standen ebenso vor einem Rätsel. Sie ermahnten mich, nicht mit meinen Wimpern herumzuspielen, sie nicht mehr zu berühren. Und ich bläute mir das auch ein. Aber obwohl mir selbst nicht gefiel, was ich tat – obwohl ich meinen eigenen Anblick verabscheute –, konnte ich nicht aufhören. Wenn ich nur ein bisschen gestresst oder nervös oder ängstlich war, wanderten meine Hände wie automatisch zu den Wimpern.

Manchmal zupfte ich auch einfach so gedankenlos daran herum. Ich habe schon immer gern gelesen und konnte Stunden auf der Wohnzimmercouch damit verbringen, die unbekannten Welten zu entdecken, die sich auf den Buchseiten vor mir entfalteten. In wenigen Stunden verschlang ich ganze Bücher.

Das Problem? Immer, wenn ich las, waren die Buchseiten später bedeckt mit Wimpernhärchen. Winzige braune Cs, die wie unerwünschte Schneeflocken über die Seite gestreut waren. Wenn ich sie sah, trieb es mir die Tränen in die Augen; ich wusste nicht, wie ich aufhören konnte, Dinge zu tun, die ich gar nicht tun wollte. Und auch meine Eltern hatten mehr als einmal Tränen in den Augen; sie wussten ebenfalls keinen Rat, wie ich mit diesem Zupfen aufhören konnte.

So begannen sie ihre Nachforschungen. Mein Vater ist Arzt und er entdeckte, dass ich an einer Erkrankung litt, die zwar sehr seltsam war, aber doch real. Die Diagnose lautete Trichotillomanie, eine anerkannte Krankheit mit eigenem Namen. Sie besagte auch, dass ich nicht die Einzige war, die einen unbezwingbaren Drang verspürte, sich Wimpern und Augenbrauen auszuzupfen. Manche Betroffene reißen sich das Kopfhaar oder die Haare an Armen und Beinen aus. Trichotillomanie ist, wie wir später herausfanden, gar nicht so selten – man schätzt, etwa vier Prozent weltweit oder ein Prozent der amerikanischen Bevölkerung (in Zahlen: 2,5 Millionen Amerikaner) leben mit der Krankheit.[1] Aber in der Öffentlichkeit ist sie kaum bekannt, vermutlich haben Sie auch noch nie davon gehört. Denn sie wird kaum diskutiert. Warum?

Scham. Das ist der Grund.

Wie erklärt man jemandem, dass man nicht aufhören kann, sich selbst die Haare auszureißen? Wie erklärt man diese Anziehung, die sich unwiderstehlich anfühlt wie die Schwerkraft – obwohl niemand einen zwingt, etwas zu tun, was man selbst hasst? Wie sollte ich erklären, dass in meinem Gehirn dieser Drang unterirdisch ständig am Rumoren war wie ein schwaches Erdbeben?

Ich konnte es nicht. Es war zu verrückt, zu abartig.

Versetzen Sie sich in meine Lage: Mein Haarausreißen war ja keine dramatische Geste biblischer Verzweiflung wie bei Esra, als er erfuhr, dass das Volk Gottes sich seinem Gott widersetzte (Esra 9,3); es war auch keine Geste tiefster Trauer wie bei Hiob (s. Hiob 1,20). Und es war auch kein Haarausfall aus Altersgründen oder durch eine Chemotherapie – beides sozial akzeptierte Gründe dafür, dass jemand Haare verliert. Man ist ganz allein verantwortlich für ein Verhalten, mit dem man sich das Aussehen ruiniert. Und sosehr man es auch will, man kann einfach nicht aufhören.

Viele Betroffene geben an, dass sie aufgrund der Krankheit

Probleme mit dem Selbstwertgefühl haben. Aber anders als andere selbstverletzende Verhaltensweisen gründet Trichotillomanie nicht zwingend in Selbstablehnung. Die Ursachen oder Anlässe sind vielfältig. Familiäre oder körperliche Traumata: die Scheidung der Eltern, der Tod eines Haustiers, sogar ein Umzug können Auslöser sein.

Ich habe nichts davon erlebt. Ich hatte ein stabiles Familienumfeld, liebevolle Eltern und eine kleine Schwester, die ich liebte. Eine Zeit lang hatte ich Gewichtsprobleme, aber das schlimmste Trauma, das ich ansonsten erlebte, war, dass mein Klassenkamerad Peter in der vierten Klasse nicht mit mir ausgehen wollte. Ja, ich war ein wenig überängstlich – ich wollte immer alles richtig machen. Aber der Beginn meiner Trich-Erkrankung hatte keine klare medizinische Ursache – und damit gab es für die Diagnose keine klare Lösung. Auch medizinische Fachbücher sagten, die Krankheit sei nicht erklärbar und nur schwer, wenn nicht gar unmöglich zu behandeln.

Ich frage mich, ob die Frau mit den Blutungen sich so ähnlich gefühlt haben mag wie ich. Es gab keine offensichtliche Ursache für den Beginn der Blutungen – jedenfalls wissen wir nichts darüber. Es gab offensichtlich keine bekannte Therapie. Es gab überhaupt keine Perspektive. Nur ein körperliches, peinliches, beunruhigendes Problem, das dazu führte, dass diese Frau ihre Tage, ihre Jahre mit Warten verbrachte … mit Warten auf ein Heilverfahren, das es nicht gab. Es würde ein Wunder brauchen, damit sie geheilt würde.

Auch für mich würde es ein Wunder brauchen.

Die Wunden, die wir tragen

Wir leben alle mit Verletzungen, die das Leben uns zugefügt hat. In unterschiedlicher Weise und unterschiedlichem Ausmaß sind Wunden eher die Normalität als die Ausnahme in unserer Lebenserfahrung. Ich ahnte zwar auch als Elfjährige, dass es bereits Wunden in meinem Leben gab; aber die Trichotillomanie war der offensichtlichste Anlass für mich zu erkennen, dass es so war.

Bis dahin war ich ein „braves Mädchen" gewesen: Ich hatte getan, was man von mir erwartete. Ich hatte meine Hausaufgaben gemacht, im Kirchenchor mitgesungen, meinen Teller leer gegessen. Und ich war wirklich froh darüber, ein Mädchen zu sein – ich bin von Natur aus jemand, der sich gern an Regeln hält. Wie meine Eltern, Großeltern und Urgroßeltern vor mir fühlte ich mich sicher, wenn ich etwas richtig machte. Es war für mich der Weg dazu, so etwas wie Kontrolle über mein Leben zu empfinden.

Aber als die Trichotillomanie auftrat, konnte ich plötzlich nicht mehr tun, was ich für richtig hielt. Dieser unbesiegbare Zwang und die Tatsache, dass ich etwas tat, auch wenn ich mir jeden Tag vornahm, es nicht zu tun, gab mir das Gefühl, zerbrochen zu sein. Zum ersten Mal erlebte ich, wie es ist, wenn man sich *kaputt, mangelhaft, beschädigt* fühlt. Und ohnmächtig, etwas dagegen zu tun. Ich wünschte und hoffte und betete darum, dass sich das ändern würde, aber Trich blieb einfach ein Bestandteil meines Lebens.

Meine Eltern konnten das Problem nicht lösen und ich ebenso wenig. *Festgefahren* beschreibt nicht im Mindesten, wie ich mich fühlte. *Gefangen* trifft es schon eher. Letzten Endes hatte ich es nicht in der Hand – konnte nur warten …

und hoffen, dass ich irgendwann diese Krankheit hinter mir lassen können würde.

Auf die eine oder andere dramatische oder undramatische Weise wissen wir alle, wie es sich anfühlt, wenn uns der Boden unter unseren Füßen entgleitet. Und manchmal scheint es so, als seien wir selbst – oder Menschen, die wir lieben – kaputter, als wir ertragen können. Wir kaufen mehr, als wir uns leisten können, wir hacken auf Menschen herum, die wir lieben, oder essen mehr, als wir brauchen, stoßen Menschen von uns weg, auf die wir eigentlich angewiesen sind – jedenfalls gibt es im Herzen von uns allen eine Stelle, an der wir zutiefst verwundet sind. Irgendwo gibt es im Leben immer etwas, wovon wir uns sehnlich wünschen, es würde sich ändern.

Ob wir auf körperliche oder emotionale Heilung warten oder auf einen nächsten geistlichen Wachstumsschritt: Immer warten wir darauf, dass unsere Wunden geheilt werden. Wir warten, weil wir verletzt sind, und wir sind verletzt, weil wir warten.

2
Eine Brücke zu Jesus

Die Blutungen hörten nicht auf.

Ihre Mutter schlich mit Sarah durch den Ort, bis sie das Haus der ältesten Hebamme erreicht hatten. In dem einfachen Heim stand ein Tisch in der Mitte des Raumes. Sarah bemerkte den Geburtsstuhl in einer Ecke. Aber sie sah sich nicht so genau um; sie konzentrierte sich auf den Staub auf dem Fußboden, um ihrer Mutter nicht ins Gesicht sehen zu müssen. Die Scham, die sie darin las, ging auf sie über, und als die Hebamme sie nach ihren Beschwerden fragte, fand sie nicht den Mut, etwas zu sagen. Ihre Mutter sprach für sie, flüsternd, obwohl niemand sonst im Raum war.

Die Hebamme nickte und sah Sarah an. Es lag etwas Sanftes, Herzliches in ihrem Blick, das Sarah überraschte.

„Sie ist jung. Manchmal reagiert der Körper irritiert, wenn die Menstruation einsetzt. Es wird alles wieder in Ordnung kommen. Warten wir noch einen Monat, um zu sehen, ob es sich einspielt. Wenn nicht, sollte sie zu einem Arzt gehen. Aber ich glaube nicht, dass das notwendig sein wird."

Sarah spürte, wie die Angst ein wenig von ihr wich, und sie meinte, so etwas wie ein hoffnungsvolles Lächeln über das Gesicht ihrer Mutter huschen zu sehen. Vielleicht würde ja tatsächlich alles in Ordnung kommen? Vielleicht fehlte ihr nicht wirklich etwas?

Aber nach drei Monaten und etlichen ergebnislosen Arztbesuchen hatten die Blutungen nicht aufgehört. Sie waren nicht stark, aber jeden Tag tröpfelte das Blut aus ihr heraus. Jeden Abend fragte ihre Mutter, ob es aufgehört hätte, und Sarah begann, die Abenddämmerung zu hassen. Sie wusste, auch an diesem Abend würde sie die Hoffnung enttäuschen, die ihre Mutter noch immer hegte.

Irgendwann fragte die Mutter nicht mehr.

Und Sarah war mittlerweile müde, unendlich müde. Egal ob es Morgen, Mittag oder Nachmittag war, sie fühlte sich schwach. Wenn sie ihre morgendlichen Pflichten im Haushalt erledigt und die Sonne ihren höchsten Stand erreicht hatte, legte sie sich oft eine oder zwei Stunden schlafen, bis die größte Hitze vorüber war. Ihre Geschwister brauchten keinen Mittagsschlaf; so etwas war nur für die ganz Kleinen oder die Alten. Sarah schämte sich dafür, dass sie so viel Ruhe nötig hatte.

Im Grunde genommen, so wurde ihr eines Tages bewusst, als die Sonne gleißend am Nachmittagshimmel stand und sie zwischen Wachheit und Traum schwebte, im Grunde genommen schämte sie sich für alles. Immer fühlte sie sich müde und erschöpft; sie hasste es, dass sie die Mutter nach jeder kleinen Arbeit fragen musste, ob sie sich ein wenig hinlegen durfte. Sie schämte sich, dass sie nicht würde heiraten können; sie schämte sich wegen dieser ständigen Blutung, wegen ihrer dauernden Unreinheit.

Die Sonne brannte ihr in den Augen. Ja, das war es. Sarah schämte sich dafür, dass sie lebte.

Auch als ich auf die Highschool kam, zwölf, dreizehn, vierzehn Jahre alt wurde, konnte ich mit dem Wimpernauszupfen nicht aufhören. Ich wartete auf den Tag, an dem ich aufwachen und es vorbei sein würde.

Aber der Tag kam nicht.

Und so wurden die Lücken im Wimpernkranz größer. Manchmal gab es kurze Phasen, eine oder zwei Wochen, in denen ich nur wenig zupfte; dann wuchsen die Wimpern nach – zögernd, unvollständig. Das waren die leichteren Wochen und Monate, in denen meine Krankheit nicht so offensichtlich war, jedenfalls für meine Eltern und meine Schwester. Ob meine Mitschüler bemerkten, dass ich keine „normalen" Wimpern und Brauen hatte, fragte ich mich nicht einmal; ich bemühte mich einfach, nicht daran zu denken. Von seltenen Ausnahmen abgesehen trug ich kein Augen-Make-up und ich kannte keinen Weg, um zu verbergen, was ich mir selbst antat.

Ich glaube, kaum ein Kind könnte in einem liebevolleren Elternhaus aufwachsen, als ich es hatte; meine Eltern waren grenzenlos fürsorglich und großzügig zu mir und meiner Schwester. Ich kann mich an keinen Tag meines Lebens erinnern, an dem meine Mutter mir nicht in irgendeiner Weise gesagt hätte, dass sie mich liebte und wie froh sie sei, mich zur Tochter zu haben. Auch von meinem Vater hörte ich täglich, dass er stolz auf mich sei oder dass er mich liebte oder dass ich schön sei. Noch heute, wo ich definitiv erwachsen bin, erklärt mein Vater, wenn ich zu Besuch bin: „Ich glaube, du wirst mit jedem Tag schöner!" Das bringt mich immer zum Lächeln und ich umarme ihn fest – weil ich weiß, dass er das wirklich ernst meint. Weil ich weiß, dass er mich mit Augen väterlicher Liebe ansieht.

Ich habe meine Eltern immer bewundert und wollte alles tun, um ihnen zu gefallen. C. S. Lewis schreibt in seinem Essay „Das Gewicht der Herrlichkeit" über die „besondere Freude eines Kindes … vor seinem Vater". Das Kind ist glücklich, seinem Vater zu gefallen. Ganz ähnlich, sagt Lewis, wird die Freude der erlösten Seele sein, wenn sie „schließlich erfährt, dass sie dem gefallen hat, dem zu gefallen sie erschaffen wurde"[2].

Wenn wir unserem himmlischen Vater Freude bereiten können, macht uns das froh, nein, wir sind richtig begeistert – so wie Kinder nichts lieber wollen, als ihre Eltern glücklich zu machen. Und vielleicht ist dieser angeborene Wunsch auch der Grund dafür, dass ich zum ersten Mal in meinem Leben das Gefühl hatte, dass ich wegen meiner Krankheit eine Enttäuschung war. Nicht, dass sie tatsächlich von mir enttäuscht waren – sie haben nie etwas gesagt oder getan, das mir Anlass gegeben hätte, das zu glauben. Heute, wo ich selbst Kinder habe, ist mir vielmehr klar, dass sie wahrscheinlich mehr darunter gelitten haben als ich selbst. Das liegt in der Natur der elterlichen Liebe zu ihrem Kind. Aber ich kam mir vor wie eine Enttäuschung, weil ich zum ersten Mal in meinem Leben nicht Herr meiner Selbst war. Ich konnte nicht willentlich bewirken, dass es mir besser ging, dass ich geheilt war. Und weil ich so enttäuscht war von mir selbst, hatte ich das Gefühl, meine Eltern seien es auch.

Mein Vater ist ziemlich groß, über eins neunzig. Inzwischen reiche ich ihm bis an die Schultern, aber für mich als Kind war er eine überragende Gestalt. Es war, als ob er alles an Stärke und Wärme aufbringen konnte, was ich je brauchen würde.

Aber seine Körpergröße hatte auch einen Nebeneffekt: Während meine Altersgenossen mir auf Augenhöhe ins Gesicht oder sogar zu mir aufsahen, weil ich oft zu den Größten in meiner Klasse gehörte, sah mein Vater immer zu mir herab. Ich erinnere mich noch genau an einen ganz bestimmten Tag, an dem wir in der Küche standen, uns unterhielten und ich auf einmal bemerkte, dass er prüfend auf meine Wimpern sah, ob ich wieder gezupft hatte.

Ich wusste es ja schon: Ich hatte versagt. Ich versagte immer. Er war Arzt und sah die Welt mit den Augen eines Heilers. Jetzt blickte er auf meine Wimpern – voller Mitgefühl, aber forschend. Er wollte mich gesund machen. Aber ich konnte in jenem Moment nichts anderes wahrnehmen, als dass er sah, wie viel Schaden ich mir selbst zugefügt hatte. Und mein einziges Gefühl war, wie sehr ich versagt hatte. Ich starrte auf den Küchenfußboden, auf diesen Wirbel aus Orange und Rot und Grau, und mich überfiel eine grenzenlose Traurigkeit, dass ich nicht geheilt war. Ich war traurig um meinetwillen, ja, aber ich war auch traurig um meines Vaters willen.

Nicht, dass mein Vater ein kritischer Mensch gewesen wäre; er hat mich nie gescholten oder getadelt. Ich glaube nicht einmal, dass er an jenem Tag ein einziges Wort über meine Wimpern verloren hat. Wahrscheinlicher ist, dass er mich in den Arm genommen hat – denn das tat er immer. Aber ich erinnere mich an seinen Blick – und fühlte mich wie auf frischer Tat ertappt, und zwar gerade von dem Menschen, dem ich es doch am allermeisten recht machen wollte. Und ich schämte mich. Ich fühlte mich wie eine einzige Enttäuschung.

Deshalb sagte ich mir selbst immer und immer wieder, ich solle mich endlich zusammenreißen. Ich konnte diese Sache doch sicher in den Griff kriegen, konnte härter mit mir selbst sein, mich mehr anstrengen. Warum war ich so schwach, gerade an der Stelle, wo ich so gern stark sein wollte? *Reiß dich zusammen, Ann. Krieg es endlich hin.* Sätze wie diese sagte ich mir zwanzig-, dreißigmal am Tag. Wenn ich wieder eine Wimper ausgezupft hatte: *Hör auf damit, Ann!* Bei der nächsten: *Warum krieg ich das hier nicht in den Griff?* Beim nächsten Härchen von den Brauen: *Ich bin so eine Niete. Wie soll ich das je besiegen?*

In meinen Augen war meine Schwachheit das Hindernis, das

ich überwinden musste. Oder umgehen. Oder ignorieren. Vielleicht liegt es daran, dass ich ehrgeizig bin. Oder stur. Jedenfalls mochte ich es noch nie, Schwäche zu zeigen, und bis heute versuche ich, dieses Gefühl um fast jeden Preis zu vermeiden.

Das war schon immer so, auch vor der Krankheit. Als kleines Mädchen blühte ich auf, wenn ich in der Schule alle Antworten wusste, und im Sport wollte ich immer gewinnen. In der Grundschule spielte ich bei Musicals mit und liebte die Augenblicke im Scheinwerferlicht, auch wenn es nur ein paar Minuten in einer Nebenrolle waren (wie bei *Die Piraten von Penzance)*.

In den ersten Highschool-Klassen, in der Zeit, als dieser beschämende Kampf mit Trich einsetzte, galt ich als eine der Zähesten in der Basketballmannschaft. Nicht, dass ich besonders kräftig gewesen wäre; ich war damals ziemlich dünn, weil ich schneller wuchs, als der Rest des Körpers nachkommen konnte. (Keine Angst: Die Pubertät hat das rasch wieder ausgeglichen.) Aber mein Ehrgeiz im Basketball bedeutete, dass ich mich bereitwilliger zu Boden warf, um den Ball noch zu kriegen, als manches andere Mädchen. Meine Knie hatten Flecken so blau wie Tinte, aber ich war entschlossen, dass niemand sonst diesen Ball bekam. Wenn ich mich dafür der Länge nach hinschmeißen oder der Konkurrentin den Ball entreißen oder meine Knie ramponieren musste – dann bitte. Ich wollte stark sein, kompetent.

Und in den meisten Fällen war ich es auch. Nicht nur auf dem Spielfeld, sondern auch in der Schule und im Blick auf meine Freunde. Ich war gern unter Leuten und (wenn ich nicht gerade auf dem Basketballfeld um den Ball kämpfte) ein umgängliches Mädchen. Ich fand schnell Freunde und diese Freundschaften hielten. Ich ging gern zur Schule und mochte fast alle Fächer (außer Mathe). Ich sang im Schulchor, sogar hin und wieder solo. In den meisten Bereichen meines Lebens behauptete ich mich gut. Und aus diesen Erfolgen bezog ich einen Großteil meines Selbstvertrauens.

Nur nicht im Hinblick auf meine Krankheit. Wenn ich dagegen antrat, war ich jedes Mal die Unterlegene. Jedes, aber auch jedes Mal, wenn meine Hände sich wieder in Richtung meiner Augen bewegten, versuchte ich, sie zu stoppen. Ich ahne, was Sie jetzt denken: *Wenn du merkst, dass deine Hand zu deinen Augen wandert, lass sie einfach sinken. Hör doch einfach auf damit.*

So einfach war es nicht. Es war niemals einfach.

Ich habe alles ausprobiert, was mir nur einfiel, um diese Krankheit zu besiegen. Zuerst eine Schutzbrille. Mein Vater experimentierte mit vielen Dingen und er hatte auch eine Schutzbrille für riskante Arbeiten. Das Glas war bernsteingelb gefärbt; die unförmige Brille war für einen erwachsenen Mann gemacht und verdeckte mein Gesicht fast völlig. Trotzdem trug ich sie zu Hause als Versuch, zwischen meinen Händen und meinen Wimpern eine Schutzmauer hochzuziehen. Sie war viel zu groß für mein kleines Gesicht und rutschte mir ständig von der Nase. Aber ich hatte es versucht.

Ich ging zu einem Therapeuten. Er empfahl mir ein Verhaltenstraining mithilfe eines Gummibands. Wenn ich zu Hause war, trug ich ein dickes Gummi ums Handgelenk. Jedes Mal, wenn ich eine Wimper auszupfte – *zong*. Es brannte wie Feuer, aber es half nicht. Der Drang nach dem Zupfen war immer stärker als der Schmerz. Die Therapie schlug fehl. Aber ich hatte es versucht.

Ich knetete Knetgummi, wenn ich las oder Hausaufgaben machte, um meine Hände davon abzuhalten, wie wild gewordene Jalousien immer rauf und runter zu wandern. Auch das war keine Lösung. Ich hatte es versucht.

Ich trug Winterhandschuhe, selbst im Sommer, in der Hoffnung, wenn ich meine Hände umpolsterte, könnten sie mit der Rupferei aufhören. Ich hatte es versucht.

Aber keiner meiner Versuche gelang. Die Brille verrutschte und schon war meine Hand oben an den Brauen. Das Gummiband schmerzte nie genug, um das neuronale Muster in meinem Hirn zu verändern. Das Knetgummi wurde irgendwann weggelegt, in den Handschuhen wurde es mir zu warm und ich stand wieder am Anfang meiner endlosen erfolglosen Versuche, in dieser einen Sache stark zu sein, in der ich immer unterlag. Es sah so aus, als sei diese Schwäche unüberwindbar.

Voller Staunen

Sosehr diese Jahre damals von meinem Kampf bestimmt waren, so waren sie doch auch durchzogen von der Freundlichkeit Gottes, und meine Beziehung zu ihm blühte auf. Es gab in meinem Leben zwei Spuren, die parallel zueinander verliefen: die Spur der Freude und die Spur der permanenten Enttäuschung. Ich kann mich nicht erinnern, je ohne Jesus gelebt zu haben, aber nun wuchsen meine Sehnsucht nach ihm und mein Bewusstsein seiner Gegenwart. In diesen ersten Highschool-Jahren fand meine tiefe, unauslöschliche Sehnsucht nach Christus eine Antwort.

Seit Kurzem ging ich in eine andere Gemeinde – eine, in der die Jugendarbeit blühte. In der Jugendgruppe waren wir voll engagiert und hatten zugleich jede Menge Spaß. Der Jugendleiter und seine Frau waren für diese Aufgabe wie geschaffen. Sie waren mit uns Jugendlichen auf einer Wellenlänge und konnten gleichzeitig über die tiefsten Gottesfragen

reden. Solche Leute sind leibhaftige Wunder. Wenn ich zurückblicke, würde ich am liebsten jeden Jugendpastor dieser
Welt umarmen für seine tolle Arbeit mit jungen Leuten, die
sich in einer so besonderen und zugleich so empfindlichen
Lebensphase befinden.

An diesen Mittwochabenden in der Jugendgruppe, zwischen Wasserballturnieren und Schokokusswettessen, hörte
ich das Evangelium noch einmal ganz neu. In dem teppich-
belegten Jugendraum, in dem wir uns immer trafen, begriff
ich eine entscheidende Wahrheit: Nichts in meinem Leben
hatte Sinn, wenn Jesus nicht der Mittelpunkt dabei war. Ich
brauchte Jesus. Ich kannte ihn bereits als meinen Erlöser; aber
in diesen Jahren begann ich zu begreifen, was es hieß, ihn
auch als meinen Herrn zu kennen.

Also tat ich, was jedes zwölfjährige Mädchen tut, wenn
es mit den großen Fragen des Lebens ringt: Ich ging shop-
pen. Gerade hatte in unserem Ort nämlich eine christliche
Buchhandlung eröffnet und ich bestürmte meine Eltern jede
Woche aufs Neue, mich hinzufahren, damit ich mich durch
die Jugendabteilung arbeiten konnte. Die Buchtitel klangen
ziemlich cool, zum Beispiel:

Jungs und andere Mädchensachen: Tipps für alle Lebens-
lagen

Die bösen Mädchen der Bibel

Sachen, für die du nicht beten musst

Aber ich war zwölf, noch nicht in der Pubertät und Jungs fand
ich größtenteils ziemlich blöd. Weder sie noch böse Mädchen
wie Delila interessierten mich. Lieber wollte ich lernen, wie
man betet. Ich entdeckte ein Buch mit dem Titel *Herr, seit
der letzten Krise hab ich mich nicht mehr gemeldet, aber ...* und

überflog es. Es gab jede Menge Kapitel, in denen man bei tollen vorformulierten Gebeten Leerstellen ausfüllen konnte. Die Gebete drehten sich um unterschiedliche Stimmungslagen – etwa, wenn ich sauer oder traurig oder dankbar war. Für mich die perfekte Mischung, um meiner Vorliebe fürs Lesen nachzugehen und meinem Wunsch, beten zu lernen. Ich verschlang das Buch, füllte alle freien Gebetslücken aus und las die Gebete im Lauf des nächsten Monats Gott vor. Wie viele Stunden ich damit verbrachte, meine Gebete aufzuschreiben, wenn ich aus der Schule kam, erzählte ich niemandem; aber das war für mich immer die beste Zeit des Tages.

Während dieser Zeit hatte ich zum ersten Mal so etwas wie eine Jesuserfahrung – das starke Gefühl, dass er tatsächlich da war, ganz bei mir. Ich hatte wieder anhand meines Buches gebetet und ging gerade aus meinem Zimmer ins Wohnzimmer. Auf einmal merkte ich ganz deutlich, dass Jesus bei mir war, direkt hier in unserem kleinen Flur neben dem rosa gekachelten Bad. Ich warf einen Blick über die Schulter, um zu sehen, ob es nicht vielleicht doch meine Schwester war. Nein. Also blieb ich abrupt stehen und rührte mich nicht. Die Holztäfelung an der Wand dämpfte das Licht und um mich her war alles still. Ich wusste genau: Jesus war da; er stand direkt neben mir. Ich konnte ihn nicht sehen, aber deutlich spüren, und seine Gegenwart machte mich sicher und ruhig. Ich glaube, ich musste lächeln.

Ein paar Sekunden lang geschah nichts und schließlich ging ich weiter, gespannt, ob er mitkommen würde. Ja, er kam mit. Doch während ich durch den Flur ins Wohnzimmer mit den blauen Polstermöbeln und dem abgeschabten Teppich ging, verlor sich dieses Gefühl seiner Nähe langsam, ganz langsam. Ich lief weiter in die Küche und knabberte ein paar Cracker. Jesus konnte ich zwar nicht mehr spüren, aber in mir hatte

sich etwas verändert. Ich wusste jetzt: Er würde mich begleiten. Wohin ich auch ging. Er hatte kein Wort gesagt. Aber ich
wusste es trotzdem.

Dieser Moment voller Staunen und Verwunderung charak-
terisiert meinen Glauben an Jesus in meinen frühen Teenagerjahren. Ich fand echte Freunde, die wie ich lernen wollten,
Gott zu lieben, wir gingen zu christlichen Konzerten, zu missi-
onarischen Einsätzen und hingen in der Freizeit zusammen ab.

Es waren kostbare Jahre für mich. Ich erlebte: Je tiefer ich
mich mit Jesus beschäftigte, desto mehr gab es zu entdecken – an ihm selbst, an seiner Liebe, seiner Freundlichkeit.
Es war, wie in trockenem Sand zu graben: Sobald ich mich
in Gott „vergrub", rieselten tausend Sandkörner seiner Liebe und Güte nach und füllten jedes Loch und jede Spalte in
mir. Seine Liebe erfüllte meine Sehnsucht, mein staunendes
Fragen und ich fragte immer tiefer nach ihm und auch nach
mir selbst.

Aber meine tägliche Erfahrung war immer noch von Trich
beeinträchtigt. Was zuerst eine kleine irritierende Macke
gewesen war, wuchs sich zu einer Gewohnheit aus, die ich
schwer ignorieren konnte. Ich kam durch keinen Schultag,
ohne Wimpern zu verlieren. Durch all das Gute, das es in
meinem Leben gab, zog sich dieser Faden, der alles andere auf-
zuribbeln drohte: das nagende Gefühl ständigen Versagens.

Wenn der Faden einmal nicht sehr straff gespannt war,
konnte ich ihn zeitweise vergessen und einfach leben. Aber es
gab Tage, an denen er so an mir zerrte, dass er mir das Gefühl
gab, mein ganzes Leben wäre aufs Äußerste gespannt. Heute
verstehe ich diese Zustände als Anfang einer Angststörung –
vermutlich eine der Ursachen, warum ich überhaupt Trich
entwickelt habe. Und diese Angststörung verstärkte sich: Je
schlechter ich sie im Griff hatte, desto schlimmer wurde es.

Eine Angst erzeugte die andere und das Haareausreißen steigerte sich zu einem Teufelskreis.

Ich litt unter der Spannung zwischen dem, was ich über Jesus lernte – der Güte und Liebe, die ich in der Gemeinde, zu Hause, im Gebet und mit meinen Freunden erfuhr –, und dem, was ich täglich mit Trich erlebte. Jesus spielte inzwischen in allen anderen Bereichen meines Lebens eine wichtige Rolle, nur im Blick auf die Krankheit schien er mir nicht helfen zu können. Ich wusste: Er ist mächtig. Er ist der König. Aber in meinem Kampf mit der Krankheit blieb ich schwach. Egal wie oft ich ihn darum bat, es hatte den Anschein, als würde Jesus mir diesen Kampf nicht abnehmen. Schlimmer noch: Das Problem verstärkte sich.

Auch nicht mit Willenskraft

Als Menschen, die in einer gefallenen Welt leben, erleben wir Schwäche oft so wie eine neue Narbe auf der Haut: Zuerst fühlt es sich fremd an, komisch, aber irgendwann gewöhnen wir uns daran.

Für mich wurde es im Laufe der Jahre allerdings immer schwieriger, über meine Schwächen hinwegzusehen und meine Machtlosigkeit gewissen Dingen gegenüber zu akzeptieren. Ich bin kein Teenie mehr, aber an manchen Stellen immer noch schwach und machtlos. Diese Stellen sind wie verblasste Narben – weniger sichtbar, aber dafür umso wirksamer. Noch immer ist mein erster Impuls, sie zu verstecken. Oder nicht zu beachten. Beides ist keine gute Idee.

Während ich diese Zeilen schreibe, habe ich stechende Kopfschmerzen. Es müssen nicht immer Kopfschmerzen sein, aber die Wahrheit ist, dass ich an den meisten Tagen meines Lebens Ohnmacht und Schwäche in irgendeiner Form erlebe. Mit manchen Erscheinungsformen lebe ich schon lange. Doch dann gibt es diese Schwächen, die mich noch immer überraschen und verblüffen: wie reizbar ich nach einer schlaflosen Nacht sein kann, wie rasch ich nach Schokolade greife, wenn irgendetwas mich entmutigt. Und immer, immer balle ich die Fäuste vor dem Gesicht und versuche, diese Schwächen zu besiegen, die mich runterziehen oder zu Fall bringen wollen.

Ich habe viel Zeit meines Lebens mit dem Versuch verbracht, meiner Schwachheit auszuweichen und Machtlosigkeit zu überwinden. Ich will stark sein. Ich will Herrin der Lage sein. Und ich vermute, wer mein Leben von außen betrachtet, wird nur – oder fast nur – meine Stärken sehen. Ich bin seit zehn Jahren verheiratet – mit einem wunderbaren Mann, der bereits eine Gemeinde geleitet hat, jetzt aber noch einmal studiert. Ich habe meinen Master in kreativem Schreiben gemacht und unterrichte dieses Fach nun an der Uni. Jetzt schreibe ich ein Buch und gebe Online-Workshops für andere Autoren. Wir haben eine kluge, bezaubernde Tochter. Meine Eltern haben vor Kurzem ihren vierzigsten Hochzeitstag gefeiert.

Auf dem Papier kann mein Leben gut mithalten. Aber die Schattenseite all dieser Erfolge ist, dass sie alle durchsetzt sind mit Schwachheit. Die längste Zeit unserer Ehe hat mein Mann mit gesundheitlichen Problemen zu kämpfen gehabt, die uns beide an den Rand unserer Kräfte gebracht haben. Das Gemeindeleben war uns ebenso wichtig, wie es schwierig war, und an den besonderen Bedingungen, unter denen die Frau eines Pastors Freundschaften schließen kann, bin ich zwar gewachsen, habe aber auch sehr darunter gelitten. Für das Masterprogramm stand ich lange auf der Warteliste, und als ich dann endlich drin war, habe ich mich sehr oft unzulänglich gefühlt. Meine Schwangerschaft war das Schwerste, was mir bisher begegnet ist, und der Gedanke an eine weitere jagt mir Angst ein. Meine Eltern werden älter und erleben die ersten körperlichen Schwächen.

Ich spreche nicht oft über diese Dinge. Um ehrlich zu sein, *denke* ich auch nicht oft darüber nach. Aber die Schwachheit ist da. Immer.

In meinen frühen Teenagerjahren war Trichotillomanie eine Schwachheit, der ich nicht entkommen konnte. Dies war immer der eine Lebensbereich, in dem ich mit Stärke nichts ausrichten konnte. Trich erinnerte mich täglich daran, dass ich schwach war und es eben nicht auf die Reihe kriegte, wie viele Versuche ich auch machen mochte – Schutzbrille, Handschuhe, Knetmasse. Aus dieser Schwachheit, dieser Kaputtheit, konnte ich mich nicht herausmanövrieren – und ignorieren konnte ich sie auch nicht. Mein Versagen in diesem Bereich erinnerte mich unerbittlich an meine persönliche und bleibende Unvollkommenheit. Ein ansonsten so begabtes und tüchtiges Mädchen sollte nicht in der Lage sein, die Finger von den Wimpern fernzuhalten? Es war erniedrigend.

Stärker als ich

Ich stelle mir vor, dass auch die Frau mit den Blutungen sich wegen ihrer Schwachheit geschämt hat. Das Blut war der tägliche Beweis dafür, wie unheil sie war, und die Mattheit, die aus dem Blutverlust folgte, machte alles noch schlimmer. Sie konnte nicht nur nicht am Leben der Dorfgemeinschaft teilnehmen, sie war vielleicht auch einfach zu müde, um viel für sich selbst zu tun. Krank und müde. Das will niemand von uns sein.

Schlicht gesagt: Sie muss erschöpft gewesen sein. Der jahrelange Blutverlust wird seinen Tribut gefordert haben. Der menschliche Körper verfügt über wunderbare Fähigkeiten zu ersetzen, was wir verlieren – er produziert Haare, Speichel, Tränen, Blut. Aber es kostet Energie, wenn Blut produziert wird, und wir sind nicht dafür geschaffen, ständig Blut zu verlieren – monatelang, jahrelang.

Ich erinnere mich noch gut an die ersten drei Monate meiner Schwangerschaft. Immer wieder überraschte mich eine Erschöpfung, die mich wie ein dicker Nebel überfiel – manchmal schon um zehn Uhr vormittags. Wenn ich die Treppe zu schnell hochlief, geriet ich außer Atem und hechelte wie ein Welpe. Noch wenige Wochen zuvor war ich meilenweit gejoggt, ohne allzu sehr außer Atem zu geraten. Aber als Schwangere konnte ich fast auf Kommando einschlafen und es war mein eigener Körper, der die Befehle gab und unfassbare Mengen an Schlaf forderte. Abgesehen von der Übelkeit, dem Erbrechen und äußerstem Unwohlsein war ich einfach müde. Hundemüde, am Ende, ausgepumpt. Oft genug bin ich nach dem Vormittagsunterricht an der Uni heimgefahren, um mich hinzulegen, damit ich den Nachmittagskurs durchhalten konnte. Ich fühlte mich erbärmlich schwach.

Sicher, mein Körper vollbrachte gerade etwas Erstaunliches – er produzierte Tausende von Zellen, aus denen sich die Lungen und Ohren und das kräftige, pulsierende Herz meiner Tochter bildeten. Aber meine Schwachheit hatte noch eine andere Ursache, die in meinem Körper lag: Während einer Schwangerschaft wächst das Blutvolumen einer Frau um 20 bis 25 Prozent; mein Körper bildete also jede Menge Blut.

Nicht ohne Grund muss man nach einer Blutspende noch

ein wenig liegen bleiben und bekommt etwas zu essen – der Körper ist erschöpft und muss sich erst wieder neu einstellen. Er braucht jetzt rasch aufnehmbare Kalorien – Energie. Selbst wenn die blutflüssige Frau nur tropfenweise Blut verloren hat, so war ihr Körper doch permanent gefordert, den ständigen Blutverlust auszugleichen. Viele von uns verlieren nie Blut, außer während der Monatsblutung. Und ganz ehrlich – an diesen Tagen bin ich auch müde.

Die Frau mit dem Blutfluss hat sich vermutlich zwölf Jahre lang müde gefühlt. Die Schwachheit war ihr ständiger Begleiter. Sie kannte diese Mattigkeit, die Erschöpfung und es war kein Ende in Sicht. Ich stelle mir vor, dass sie eine Zeit lang versucht hat, dagegen anzukämpfen – dazu neigen wir als Frauen, als Menschen. Aber irgendwann, als sich einfach nichts an ihrem Zustand änderte, wird sie die Schwäche als Bestandteil ihres Lebens akzeptiert haben. Sie wird nach Wegen gesucht haben müssen, damit zu leben. Und ich kann mir vorstellen, wie sehr sie das beschämt hat. Ich kann mir vorstellen, wie sie damit gekämpft hat, wie verhasst ihr diese Schwachheit war, die ihr in den Gliedern steckte.

Wir alle – vom ältesten Menschen auf dieser Welt bis zum kleinsten Baby, das seinen ersten Atemzug tut –, wir alle kennen Schwachheit. Natürlich in unterschiedlichem Maß. Manche begleitet sie von Geburt an – ein körperliches oder seelisches Gebrechen, das sie auf dieser Erde nie verlassen wird. Andere erleben keine wirklich überwältigende Schwachheit, bis das Alter kommt. Aber ob es nun eine körperliche oder familiäre oder emotionale Schwäche ist, sie überfällt uns meist unversehens und lässt uns im Dunkeln herumtasten.

Schwachheit hat viele Gesichter: aufgeschürfte Knie, gebrochene Herzen, kahle Augenbrauen, Blut. In welcher Form auch immer – jeder von uns kennt sie. Wir können sie nicht auf Dauer vermeiden, ob es nun unser Körper oder unser Geist ist, auf die wir uns nicht mehr verlassen können. Die Knie, die nach jedem Schritt schmerzen. Die Angst, die in uns hochsteigt, wenn wir die Kinder in die Schule verabschieden oder die Kontoauszüge ansehen. Die Ehe, die nicht ist, was sie sein sollte. Das Kind, das sich immer mehr vor uns verschließt. Die Freundin, die uns fallen lässt, wenn wir sie am Nötigsten brauchen.

Als Teenie wollte ich immer vor dieser Schwachheit davonlaufen, die ich in meiner Krankheit erlebte. Ich wollte sie von mir stoßen oder unter die Füße kriegen. Ich hasste diese Schwachheit, weil sie mich an meine äußersten Grenzen brachte. Dort, an der Kluft zwischen dem Ort, wo ich war, und dem, wo ich sein wollte, dort begegnete ich meiner Schwachheit, meinem Unvermögen, das zu ändern, was ich an meinem Leben hasste. Wenn ich bessere Noten in der Schule haben wollte, strengte ich mich einfach mehr an und irgendwann kam der Erfolg. Bei Trich klappte das nicht. Trich zwang mich, tief in den Abgrund meiner eigenen Person zu blicken und die Angst auszuhalten, ich könnte niemals fähig sein, auf die andere Seite zu gelangen. Ich konnte mir selbst nicht helfen.

Und an diesem Ort, zwischen meinem Wunsch nach Heilung und meiner Unfähigkeit, sie selbst herbeizuführen, musste ich aufgeben. Ich musste aufhören, es zu versuchen. Ich musste loslassen – und warten.

Lassen Sie es mich noch deutlicher sagen: Ich war *gezwungen* zu warten. Ich *wollte nicht* warten, bis Gott mich endlich heilte – ich wollte selbst etwas tun, sei es nun Verhaltenstherapie oder eine zu große Schutzbrille. Das waren keine schlechten Maßnahmen, aber sie halfen nicht, und schließlich hatte ich keine Wahl mehr: Ich musste auf jemanden *warten,* der stärker war als ich und sich für mich einsetzen würde.

Und genau dazu will unsere Schwachheit uns bringen: dass wir aufhören mit unseren eigenen Versuchen.

Schwachheit zwingt uns zu warten – auf jemanden, der größer ist als wir selbst, auf jemanden, der heilt, was zerbrochen ist, der zurechtbringt, was nicht in Ordnung ist.

Jeder Arzt, bei dem ich je war, hat ein Wartezimmer. Wir sitzen da, manchmal stundenlang, um den Arzt zu sprechen – gewöhnlich, weil uns nichts anderes übrig bleibt. Wir brauchen das, was der Arzt uns geben kann, und wir sitzen da und lesen alte Zeitschriften und starren an die Decke, bis wir an der Reihe sind.

Der Weg der Schwachheit, so sieht es aus, führt uns direkt ins Warten. Und es tut weh, dort zu sein. Es ist ein Platz, den wir uns selbst nie ausgesucht hätten.

Das Geschenk des Schwachseins

An Tagen, an denen ich meine Schwachheit, mein Unvermögen besonders stark spüre, frage ich mich oft, wo Gott ist. Nicht im geografischen Sinn. Ich frage mich auch nicht, ob er bei mir ist – ich weiß aus der Bibel und von diesem Moment in unserem holzgetäfelten Flur her, dass er mich nie verlassen, nie im Stich gelassen hat. Ich weiß, dass er auf seine eigene Weise geistlich und körperlich in mir wohnt, dass sein Heiliger Geist in mir lebt. Ich weiß, dass er gegenwärtig ist, hier und auch überall sonst. Aber manchmal reißt die Verbindung zwischen meinem kognitiven Wissen von Gottes Güte und Kraft und meiner erfahrbaren Realität. Es gibt Zeiten, in denen ich seine Güte und Kraft nicht *spüre* – oft gerade dann, wenn ich meiner eigenen Schwachheit ausgeliefert bin.

Und diese Erfahrung lässt mich fragen, wo Gott ist, wenn wir schwach sind.

Als Dreizehnjährige verstand ich nicht, wie durch Trich irgendetwas Gutes in mein Leben kommen sollte – die Krankheit brachte doch nur Schmerz und fühlte sich an wie etwas, das dem Reich Gottes geradezu entgegenstand. Warum konnte er mich nicht einfach davon befreien? Dann begann ich zu bemerken, dass andere Menschen auch litten: eine Freundin unserer Familie unter einer schweren Depression, die nicht weichen wollte. Warum heilte Gott sie nicht? Meine Großmutter kam durch einen Autounfall ums Leben, als ich drei war; dass sie in unserer Familie fehlte, war schmerzlich spürbar und ich wusste nicht, wie ich das damit in Einklang bringen sollte, dass ich doch gerade Gott immer mehr als einen guten Vater kennenlernte.

Und doch wusste ich, dass der Schmerz und das Böse in der Welt nicht von Gott stammten. Gott kann nicht zum Bösen versucht werden und er selbst versucht niemanden (Jakobus 1,13). Er kam, um uns von Sünde, Zerstörung und allem Bösen zu erlösen. Er ist der, der einmal alle Tränen abwischen wird (Offenbarung 21,4). Er ist nicht die Quelle des Bösen und kann es niemals sein.

Aber Gott, so scheint es, setzt das Böse nicht mit Schwachheit gleich, so wie ich es tat – und ehrlich gesagt immer noch tue. Ich zucke immer noch zurück, wenn mir Schwachheit, Unvermögen, Machtlosigkeit begegnen. Ich nehme ein paar Tabletten, strenge mich mehr an oder versuche es noch ein weiteres Mal. Ich will meiner Schwäche nicht nachgeben, denn ich fühle mich nicht gern schwach.

Gott dagegen scheint Schwachheit bereitwillig anzunehmen – sogar zu schätzen. Tatsächlich begegnen wir in Jesus der Wertschätzung unserer Schwachheit – der Schwachheit des Fleisches – mit himmlischer Leidenschaft. Er wurde Mensch. Er hat diese Menschheit nicht angezogen, wie man Businessklamotten anzieht und am Ende des Tages wieder ablegt. Nein, der Gott des Universums, der die Sterne in seiner Hand hält wie ein paar Münzen, der dem Nordlicht die Farben gibt, der die Jahresringe jedes Baumes kennt, dieser Gott *wurde Mensch*. Er nahm einen menschlichen Leib an wie den unseren, mit Knochen, die unter zu großem Druck brechen, und Gewebe, das so leicht verletzbar ist – einen Leib, der Schwachheit kennt. Er kannte Hunger und Durst (vgl. Matthäus 4,1-4), vielleicht die deutlichsten Zeichen unserer Schwachheit und Abhängigkeit von Dingen, die außerhalb unserer Kontrolle liegen. Und er hat diesen irdischen, menschlichen Leib nicht verachtet.

Statt unsere Schwachheit als etwas zu betrachten, das es zu vermeiden oder zu umgehen gilt, hat er *sich ihr unterzogen*. Wenn mir Schwachheit begegnet, sehe ich nur, dass sie mich aufhält, behindert und mich zwingt, in die Kluft zwischen der Frau zu schauen, die ich bin, und der, die ich sein will. Als Jugendliche sah ich die Schwachheit dieser Krankheit als etwas, das mich von allem trennte, wonach ich mich sehnte: Normalität, Schönheit, Freiheit.

Aber Gott hat einen anderen Blick auf die Schwachheit. Denn für Gott – erinnern wir uns – ist Schwachheit nichts Böses. Als Jugendliche habe ich das nur schwer verstehen können und auch jetzt, als Erwachsene, kann ich es immer noch nicht richtig erfassen.

Im 2. Korintherbrief erklärt der Apostel Paulus, dass er sich „seiner Schwachheiten rühmen" wolle. Dieser Abschnitt aus der Bibel ist für mich immer wieder unfassbar, er widerspricht allem, wonach ich gewöhnlich strebe: Stärke, Ganzheit, Kompetenz. Paulus schreibt, er habe Gott dreimal darum gebeten,

den „Stachel in seinem Fleisch" wegzunehmen – als sei dreimal schon eine große Sache. Vielleicht steht ja dahinter, dass
Paulus unglaublich heilig war und jedes Mal zehn Tage am
Stück für diese Sache gebetet und auch noch gefastet hat. Wie
auch immer, jedenfalls hat die Antwort, die er von Gott erhielt, aus seiner Bitte um Heilung ein „Sich-Rühmen" werden
lassen. Gott hat Paulus gesagt: „Meine Gnade ist alles, was du
brauchst, denn meine Kraft kommt gerade in der Schwachheit zur vollen Auswirkung" (2. Korinther 12,9; NGÜ). Von
dieser Antwort her kann Paulus „nun mit größter Freude …
meine Schwachheiten rühmen", denn „gerade dann, wenn ich
schwach bin, bin ich stark" (2. Korinther 12,9-10; NGÜ).

Das griechische Wort für Schwachheit an dieser Stelle ist
astheneia. Es kann sich auf körperliche oder seelische Schwächen beziehen, in jedem Fall aber geht es um den „Wunsch
nach Kraft", so die genaue Definition.[3] Diese Schwachheit des
Körpers kann einer Krankheit oder Behinderung geschuldet
sein, während die seelische Schwachheit in dem Unvermögen – oder der fehlenden Kraft – besteht, etwas zu verstehen,
sich selbst ein falsches Handeln zu verbieten, Belastungen oder
Versuchungen zu ertragen oder etwas Großes und Ruhmrei-
ches zu vollbringen.[4]

Wenn Paulus sich also seiner Schwachheiten rühmt, rühmt
er sich seines Mangels an Kraft, seiner körperlichen Schwachheit und seines Unvermögens, irgendetwas Großes aus eigener
Kraft heraus zu tun. Und es hat den Anschein, dass Paulus seine eigene Schwachheit angenommen hat, weil er gerade dann,
wenn er bei sich selbst einen Mangel – oder ein Fehlen – von
Kraft feststellte, Gottes grenzenlose Kraft erfahren hat.

Nichts von alledem konnte ich in meinem Kampf gegen
Trich sehen. Ich wollte immer noch aus eigener Kraft handeln.
Ich wollte einen Körper, der zuverlässig funktionierte, ein Ge-

hirn, das nicht aussetzte, stotterte und seine Zuflucht zum Ausreißen von Wimpern und Augenbrauen nehmen musste. Ich wollte die Trichotillomanie ein für alle Mal los sein. Aber möglicherweise hatte ich überhört, was Gott mir sagen wollte.

Glaubte ich, dass diese Krankheit von ihm kam, dass er sie mir auferlegt oder geschickt hatte? Nein. Er ist ein guter Vater, er kann nur gute Gaben geben. Trich gehörte zur Gefallenheit dieser Welt. Aber während ich darüber nachdenke, was ich hier gerade schreibe, frage ich mich doch, ob ich unfähig – oder nicht bereit – gewesen bin zu hören, was Gott mir in jenen Jahren mitteilen wollte. Gott ist nicht taub (s. Jesaja 59,1). Er hat mich nicht übersehen. Er hat jedes einzelne meiner Gebete gehört. Aber hatte ich auch Ohren für das, was er mir sagen wollte?

Hätte ich es annehmen können, wenn er mir gesagt hätte, meine Schwachheit sei für ihn keineswegs so abstoßend oder widerwärtig, wie sie mir vorkam? Hätte ich gehört, wenn er mich gebeten hätte, vor meiner Schwachheit nicht mehr wegzulaufen, sondern mich ihr zu stellen? Wäre es bei mir angekommen, wenn er mir gesagt hätte, dass die Kraft, zu der ich durch ihn Zugang habe, größer ist als alles, was ich an Kraft in mir selbst finde? Während ich mich über den Abgrund meiner eigenen Schwachheit beugte und auf die andere Seite starrte, auf die ich so gern wollte, hat er vielleicht versucht, mir zu sagen, dass er nicht nur die Brücke nach drüben, sondern dass er selbst die andere Seite ist. Vielleicht war mein sehnlicher Wunsch, stark zu sein, weniger der Wunsch danach, endlich mit dem Haareauszupfen aufhören zu können. Vielleicht sehnte ich mich im Grunde zutiefst nach ihm selbst.

Natürlich war beides der Fall. Ich wollte die Krankheit los sein und ich wollte Jesus. Aber manchmal, muss ich zugeben, war mein Wunsch, die Krankheit los zu sein, größer als meine

Sehnsucht nach Jesus. Meine eigene Kraft zu spüren war mir wichtiger, als Jesus zu finden.

Und das war es, was in mir sterben musste. Es scheint, als hatte ich durchaus eine Wahl, so jung ich auch war. Damals hätte ich das nicht in Worte fassen können, aber es war die Wahl zwischen einem Leben aus eigener Kraft und einem Leben aus der Kraft von Christus. Was ich damals zu erkennen begann, war: Vermutlich konnte ich nicht beides haben. Wenn wir Paulus folgen, dann besteht der Weg dahin, Gottes Kraft zu erfahren, nicht nur darin, meine Schwachheit anzuerkennen, sondern mich ihrer zu rühmen. *Rühmen.* Wenn das hieß, meine Schwachheit zu akzeptieren und bereitwillig anzunehmen, statt gegen sie jeden Tag Sturm zu laufen, dann hatte ich viel zu lernen. Ich bin immer noch dabei.

Immer noch lerne ich, dass meine Schwachheit eine Brücke zu Jesus ist. Mein Scheitern, mein Unvermögen sind geradezu Vehikel, durch die ich Jesus in meinem Alltag begegne.

Dieser Gedanke zieht sich auch durch die Evangelien, oder? Jesus begegnet Menschen in ihrer Gebrochenheit, mitten in ihrer Schwachheit und er zeigt, dass er es vermag, die Kluft zwischen dem, was sie sind, und dem, was sie sein wollen, zu schließen. Nehmen wir die Blinden am Weg, die Jesus um Heilung anflehen. Ihre Blindheit ist der Grund, dass sie Jesus berühren wollen (s. Matthäus 20,29-34). Und die verkrümmte Frau in der Synagoge? Es ist ihre Schwachheit, die Jesus auf sie aufmerksam macht. Sie wird geheilt und Gott darin verherrlicht (s. Lukas 13,10-17). Auch die Frau mit dem Blutfluss sucht in ihrem verzweifelten Streben nach Heilung Jesus, weil sie die Berührung von jemandem braucht, der mehr vermag als sie selbst. Letzten Endes ist es ihre Schwachheit, die sie zu Jesus führt. Schwachheit macht uns klar, dass wir einen Retter brauchen.

Genau das sagt Paulus auch. Er weiß, dass seine Schwachheit deutlich macht, wie sehr er Gott braucht. Und dieses Angewiesensein ist unsere tiefste Wahrheit: Wir sind Leute, die Gott nötig haben. Wenn unsere Schwächen, unsere Unzulänglichkeit zum Tor dahin werden, dass wir diese Bedürftigkeit erkennen, dann werden sie zu Gaben. Wenn die Trichotillomanie mir half zu erkennen, wie angewiesen ich auf Gottes Nähe und Liebe war – täglich, stündlich –, dann konnte sie zu einem Geschenk für mich werden. Sie konnte zum Ausgangspunkt werden, eher darüber zu jubeln, wer Gott ist, statt mich immer wieder allein durchboxen zu wollen.

Aber so weit war ich damals noch nicht. Ich war weit entfernt davon, mich zu „rühmen". Ich war immer noch von meiner tief sitzenden Tendenz bestimmt, meine Schwächen einfach zu übergehen.

Ehrlich gesagt: Das ist auch heute noch so. Ich bin noch nicht so reif wie Paulus; meine instinktive Reaktion auf Schwachheit ist: Vermeide sie. Die Welt, in der wir leben, drängt uns, Schwachheit zu umgehen, wo wir nur können. Aber ich lerne: Wenn ich mit meiner Schwachheit lebe – Kopfschmerzen, Beziehungskrisen, Krankheit, Sorgen oder wie immer sie aussieht –, dann lebe ich im Warten.

In vielen Bereichen meines Lebens warte ich noch immer auf Heilung und Ganzheit. Und ich vermute, Ihnen geht es nicht anders. Sei es ein brüchiger Körper oder eine brüchige Beziehung, ein gebrochenes Herz oder ein gebrochener Geist – wir alle warten darauf, dass jemand, der größer ist als wir selbst, unsere Schwachheit sieht und uns zu Hilfe kommt.

Aber ebenso wenig, wie Schwachheit für Gott etwas Schlechtes ist, ist Warten für ihn etwas Schlechtes. Die Schwächen, die uns zwingen – vielleicht sollten wir besser sagen: die uns dahin *bringen* – zu warten, sind nichts Negatives. Die Schwäche – die Krankheit oder die Trauer oder die finanziellen Probleme – kommt sicher nicht von Gott, denn er schafft nichts Böses. Aber er kann diese Schwäche nutzen, um uns an den Ort des Wartens zu führen, an dem wir nur noch von ihm abhängig sind.

Und das ist ein Geschenk. Ein Geschenk des Schwachseins, das uns zu dem führt, der allein mächtig ist. Und seine Kraft ist genug für uns. Genug für heute. Genug für dieses Leben.

Nein. Mehr als genug. Sie ist alles, was wir brauchen.

3

Der teuerste Preis

Die Jahre zogen sich dahin, die Arztbesuche häuften sich wie Staub in einer ungekehrten Ecke. Nach vier Jahren hatte Sarahs Vater ihr mit Tränen in den müden Augen angekündigt: „Von jetzt an werden wir die Ärzte aus deiner Mitgift bezahlen müssen." Seine Stimme war nur noch ein Flüstern. Sarah hatte rasch genickt und sich gewünscht, dass er sich abwandte. Sie konnte den Schmerz in seinem Gesicht nicht ertragen.

Sarah wusste, dass sie der Grund für seinen Kummer war. Wie sehr hatte sie ihn enttäuscht? Wie viel hatte sie von ihm angenommen, ohne ihm je etwas zurückzugeben? Er streckte die Hand aus, um sie ihr auf die Schulter zu legen, aber Sarah hatte sich schon umgedreht und widmete sich wieder dem Brotteig, den sie knetete – eine Aufgabe, die sie schon vor Jahren von ihrer Mutter übernommen hatte. Die kurze Begegnung hatte bei beiden stille Tränen fließen lassen, Sarah und ihrem Vater, aber keiner wusste von den Tränen des anderen.

Schneller als sie es für möglich gehalten hätte, war ihre gesamte Mitgift aufgebraucht, um die Ärzte zu bezahlen. Zweihundert Dinare – die ganze Summe verschüttet wie Wasser auf trockenes Land.[5] Jedes Leinengewand, jedes Schmuckstück, das ihre Mutter für sie zurückgelegt hatte, war verkauft worden. Sogar die Lapislazuli-Ohrringe, die sie so geliebt hatte und die sie zu ihrer Hochzeit hatte tragen wollen, waren fortgekommen.

Sarah wartete immer noch darauf, dass sie eines Tages aufwachen und feststellen würde, dass die Blutung aufgehört hatte; in ihren Träumen lebte sie das Leben, das sie gehabt hatte, bevor das Blut kam. Aber wenn der Morgen dann nahte, erwachte sie zu einem neuen Tag voller Kummer – und ohne jede Aussicht auf Heilung. Sie war noch immer unrein; sie hatte die Gesetze auswendig gelernt, die ihr Schicksal besiegelten. Tausendmal hatte sie darin geforscht, hatte verzweifelt nach einem Ausweg gesucht, nach einem Weg, wie sie die Regeln umgehen konnte, die Gott verhängt hatte:

> Wenn eine Frau ihre monatliche Blutung hat, ist sie sieben Tage unrein; wer sie berührt, ist ebenfalls bis zum Abend unrein. Alles, worauf sie sich in dieser Zeit legt oder setzt, wird unrein. Jeder, der ihr Bett oder etwas, worauf sie gesessen hat, berührt, muss sich und seine Kleider waschen; bis zum Abend bleibt er unrein. Liegt etwas auf ihrem Bett oder Sitzplatz und jemand fasst es an, so wird auch er unrein bis zum Abend. Wenn ein Mann während dieser Zeit mit ihr schlafen sollte, so ist auch er sieben Tage unrein, ebenso jedes Bett, auf dem er liegt. Hat eine Frau Blutungen über die normale Zeit hinaus oder außerhalb ihrer monatlichen Regel, dann ist sie während dieser Tage unrein wie zur Zeit ihrer Monatsblutung.
>
> 3. Mose 15,19-25 (Hfa)

Ich bin diese Frau, dachte Sarah. *Ich bin die Frau, die über die normale Zeit hinaus blutet. Ich bin die Frau, die immer unrein ist.*

Hatte es je eine Frau wie sie gegeben? Sie hatte noch nie gehört, dass eine andere Frau ständig blutete, nicht mal einen oder zwei Tage länger als die sieben Tage der Monatsblutung.

Und deshalb musste das viele Geld ausgegeben werden, natürlich: Bis sie aufhörte zu bluten und nach dem Gesetz wieder als rein galt, konnte sie nicht heiraten, sie konnte den Gottesdienst nicht besuchen, ja, sie konnte kaum ihr Haus verlassen, damit andere sich nicht durch sie verunreinigten.

Und nun war das Geld verbraucht und man konnte nichts mehr tun. Ihre Mutter war mit ihr in andere Dörfer gezogen, auch in die Städte. Selbst nach Jerusalem waren sie gegangen, um dort einen bekannten Arzt aufzusuchen. Aber nichts hatte geholfen. Sie hatte alles, was sie besaß, verbraucht, und noch immer – noch immer blutete sie.

Ihr ganzer Besitz – fort. Alles, worauf sie gehofft hatte – fort.

Sarah wusste es: Sie besaß nichts mehr.

In meiner Highschool-Zeit bin ich in der Regel sehr gern zur Schule gegangen. Ein bisschen verrückt, stimmt's? Aber ich war dort in meinem Element. Unsere Schule war klein. Ich war sportlich, hatte gute Freundinnen und mochte den Unterricht. Meistens machte es mir auch nichts aus, Hausaufgaben zu erledigen. Ich weiß, das klingt ziemlich streberhaft – und das bin ich tatsächlich. Deshalb habe ich später auch so gern studiert. Ich war glücklich als Streber, glücklich in der Klasse, glücklich mit meinen Lernerfolgen, meinem Sport und meinen Freunden.

Aber die Highschool-Zeit ist normalerweise auch die Zeit, in der Mädchen anfangen, sich für Jungs, Dates und Partys zu interessieren. Das Aussehen wird immer wichtiger und viele Mädchen beginnen, sich zu schminken.

In der Zeit verschlimmerte sich auch meine Krankheit.

Wenn ich mich nicht konsequent schminkte, wurde schnell sichtbar, dass ich keine normalen Augenbrauen und Wimpern hatte. Oft hatte ich nur eine haarfeine Brauenlinie, die mehr aus Farbe als aus Haar bestand. Und die meiste Zeit hatte ich so gut wie keine Wimpern.

Also kaufte ich mir künstliche Wimpern, die normalsten, die ich finden konnte. Ich wollte keine dramatischen, keine extralangen oder extradunklen Wimpern, einfach nur Wimpern, die schlicht und unauffällig waren. Alle paar Wochen legte ich sie zu den Einkäufen meiner Mutter aufs Kassenband; und Mom strich mir über die Schultern, sagte mir, wie lieb sie mich hatte, und gab mir so zu verstehen, dass sie wusste, welchen Kampf ich da immer ausfocht.

Für den Fall, dass Sie noch nie falsche Wimpern in der Hand hatten: Sie sehen aus wie zwei Mondsicheln, zwei sanft geschwungene dunkle Bögen. Um sie aufzulegen, geht man folgendermaßen vor: Man schneidet sie erst einmal auf die richtige Länge zurecht, sodass sie den Lidrand abdecken. Dann nimmt man eine Wimpernreihe zwischen Daumen und Zeigefinger der linken Hand und die kleine Klebstofftube zum Anbringen in die rechte. Man braucht eine ruhige Hand, um nicht zu viel Klebstoff auf den Saum der falschen Wimpern aufzutragen. Dann muss man ein paar Sekunden warten, bis der Kleber sich leicht gelb färbt, legt die Tube aus der Hand und fasst die falschen Wimpern an beiden Enden – dazu braucht man beide Hände. Und dann versucht man, den Saum mit Klebstoff so dicht wie möglich an den Lidrand zu bringen, schiebt die winzigen Kanten darunter und betet, dass sie im inneren und äußeren Augenwinkel haften bleiben. Das sind die Stellen, an denen sie am schwersten kleben.

Wenn der Klebstoff haftet, fühlt das ganze Augenlid sich schwer und müde an; man sehnt sich nach einem kurzen Nickerchen, aber die Arbeit hat gerade erst angefangen. Denn nun muss man es hinkriegen, dass die künstlichen Wimpern echt aussehen. Also nimmt man den flüssigen Eyeliner und zieht eine Linie unter die falschen Wimpern, dort, wo die echten Wimpern sein sollten. Es braucht eine dicke, dunkle Linie, wenn die Attrappe auch nur annähernd echt aussehen soll. Danach sieht man aus, als wäre man jeden Tag seines Lebens unterwegs zu einem Ball.

Aber es ist immer noch besser, als alle anderen sehen zu lassen, wie deine Augen wirklich aussehen: kahl und hässlich.

Versteckenspielen

An den meisten Tagen trug ich in der Schule falsche Wimpern. Das Problem damit ist nur: Sie halten nicht, wenn sie mit Wasser in Kontakt kommen. Tränen, Seen, Schwimmbäder und Schweiß waren daher immer schlechte Nachrichten. Also musste ich mich von Flüssigkeiten in jeder Form fernhalten, wenn ich nicht wollte, dass der Kleber von meinen Augenlidern abging und ich mit kleinen raupenartigen schwarzen Härchen an den Lidern dastand.

Das bedeutete, dass ich jahrelang die meisten Dinge mied, die etwas mit Wasser zu tun hatten. Poolpartys kamen nicht infrage, und wenn ich doch mal hinging, dann „vergaß" ich meinen Badeanzug und hielt mich in sicherem Abstand vom Pool auf. Jeder rührselige Film war gefährlich, ebenso wie Gedichte von Pablo Neruda.

Ich konnte das Problem allerdings nicht völlig vermeiden: Ich habe nah am Wasser gebaut. Mir kommen viel zu schnell und viel zu oft die Tränen. Außerdem liebte ich Sporttreiben

und vor allem Volleyball zu sehr, um das Spielen ganz aufzugeben, auch wenn ich dabei natürlich schwitzte. Richtig
schwitzte. Ich war nie eins von den Mädchen, die beim Sport
nur leicht erröten. Ich glänze nicht, wenn ich Sport treibe, ich
habe auch nicht nur leicht erhitzte Wangen. Ich bin mehr der
Typ, der knallrot wird und das ganze T-Shirt nass schwitzt.
Wenn es stimmt, dass Schweiß nichts anderes ist als die Tränen des Fetts, dann weinte mein Körper beim Volleyballtraining jeden Tag. Er schluchzte regelrecht. Sie können sich jetzt
also vorstellen, warum ich zum Training keine falschen Wimpern trug.

Den anderen im Team irgendetwas von Trichotillomanie
zu erzählen, war mir viel zu peinlich. Ich wollte nicht, dass
sie mich für komisch oder krank oder durchgeknallt hielten.
Also steuerte ich in der Volleyballsaison jeden Tag nach der
Schule die Sporthalle an und verschwand in einer Toiletten-
kabine. Dann saß ich auf dem Klo, zog die falschen Wimpern
ab und verstaute sie in einer kleinen Pillendose, die ich nur zu
diesem Zweck dabeihatte. Mit einem kleinen Spiegel in der
einen und meinem Mascara in der anderen Hand versuchte
ich, so etwas wie ein normales Aussehen um meine Augen zu
erzeugen. Ohne diese beiden Dinge – meinen Spiegel und
meinen Mascara – ging ich nirgendwo hin, und zwar nicht
aus Eitelkeit, sondern aus Angst. Ich betete immer inständig,
dass mir niemand zu genau ins Gesicht sehen würde, während
wir trainierten oder Spiele absolvierten. Ich weiß nicht, ob die
anderen im Team es bemerkten oder nicht. Falls ja, sagten sie
jedenfalls nie etwas.

Wenn ich heute zurückschaue, bricht es mir das Herz, dass
ich so lange mit einer solchen Furcht gelebt habe. Heute habe
ich tiefes Mitleid mit meinem damaligen Selbst. Ich hatte
solche Angst davor, dass jemand herausfinden könnte, dass

ich Trichotillomanie hatte, dass jemand mich als anders oder schwach oder kaputt ansehen könnte. Ich glaube, weil ich in so vielen anderen Bereichen erfolgreich war, wollte ich nicht, dass das Bild, das die anderen hoffentlich von mir hatten, Risse bekam. Und ehrlich gesagt wollte ich auch nicht, dass das Bild, das ich von mir selbst hatte, Risse bekam. Ich konnte die Lüge nicht von der Wahrheit entflechten: Ich dachte, dass *jede* noch so kleine Schwäche die Erfolge in meinem Leben schmälern würde. Ich konnte noch nicht sehen, dass mein tägliches Unterliegen im Kampf gegen Trich nicht alles war, was mich ausmachte, und meine Stärken nicht zunichtemachte.

Also verbarg ich meinen Kampf, sogar vor meinen besten Freundinnen.

Aber zu welchem Preis? In meinem jungen Leben war der Preis sehr hoch. Er hat mich viel Zeit, viel Kraft und viel an Freundschaft gekostet.

Viel Zeit: Ich habe mehr Stunden vor dem Spiegel verbracht, als ich gern aufrechnen möchte, habe falsche Wimpern an- und abgelegt, versucht, die Brauen nachzuziehen und mich bemüht zu verbergen, dass die Krankheit immer schlimmer wurde.

Viel Kraft: Ich musste immens viel an emotionaler und mentaler Kraft aufbieten, um meine Krankheit zu verbergen, um Situationen zu vermeiden, die mich verraten würden, um mir Wege auszudenken, möglichst normal auszusehen (Sonnenbrille tragen, Hüte, damit meine Augen im Schatten lagen, und wer weiß was sonst noch).

Viel an Freundschaft: Was ich damals noch nicht wusste, war, dass Freundschaften auf dem Boden unserer Verletzungen gebaut werden und dass enge Verbundenheit mit anderen oft dort entsteht, wo man Leid miteinander teilt. Ich wusste, dass ich mich in meiner Familie sicher fühlen konnte, dass sie mich trotz meiner Schwäche liebte. Aber meinen Altersgenossen traute ich nicht zu, dass sie mich lieben würden, wenn sie wüssten, wie kaputt ich war. Ich hielt meine Freunde immer auf Abstand, und zwar in einem Bereich meines Lebens, in dem ich Gemeinschaft bitter nötig gehabt hätte. Mein Selbstschutz war mir wichtiger, als tiefe Freundschaft zu erleben.

Am Ende der Möglichkeiten

Für den Kampf mit der Trichotillomanie bezahlte ich in meiner Highschool-Zeit vor allem emotional und beziehungsmäßig. Aber ich kann versichern: Ich hätte jeden Preis gezahlt, wenn ich dafür diese Krankheit losgeworden wäre. Und wenn ich das sage, will das etwas heißen. Ich hoffe zwar, dass ich inzwischen großzügiger und großherziger geworden bin, aber als Teenager hielt ich meine Sachen gut zusammen. Geld auszugeben war damals für mich schwer, obwohl meine Eltern finanziell abgesichert und sehr großzügig zu mir und meiner Schwester waren. Aber mir gab es Sicherheit zu wissen, dass ich Geld auf meinem Konto hatte, auch wenn es keine weltbewegenden Summen waren. Ich wollte etwas haben, das mir gehörte. Nur für den Fall, dass das Leben schieflief.

So knauserig ich also mit dem bisschen Geld umging, das ich damals besaß, so weiß ich doch: Hätte es einen Weg gegeben, von dieser Krankheit geheilt zu werden, ich hätte meine gesamten Ersparnisse hergegeben, ohne auch nur noch einmal darüber nachzudenken. Es hätte mir überhaupt nichts ausgemacht, mein Konto zu plündern, wenn irgendeine Aussicht bestanden hätte, vollständig geheilt zu werden. Meine Eltern taten das auf ihre Weise: Sie gaben Geld aus für Bücher, die mir helfen sollten zu verstehen, was mit mir los war, für Kräutertinkturen, die die Ärzte empfohlen hatten, für eine Verhaltenstherapie. Sie wollten mir helfen und sie hätten jeden Penny, den wir besaßen, ausgegeben, wenn irgendjemand mir begründete Hoffnung auf Heilung hätte bieten können.

Die Frau mit dem Blutfluss hat dasselbe getan. Sie hat alles verbraucht, was sie besaß; sie hat die Hände ausgestreckt in der Hoffnung, dass ein anderer – wer auch immer – endlich doch das Heilmittel besaß, nach dem sie sich sehnte. Ich stelle mir vor, wie sie ihren Schmuck eintauscht gegen Arzneimittel, die nicht helfen. Ich stelle mir vor, wie sie die letzten Münzen, die ihr noch geblieben sind, einem Arzt hinzählt in der verzweifelten Hoffnung, dass sie doch noch geheilt wird und ihr Leben noch einmal beginnen kann.

Die Frau mit dem Blutfluss war bereit, alles auszugeben, weil sie keine andere Wahl hatte – sie hatte keine Zukunft. So extrem es uns vorkommen mag, glaube ich doch nicht, dass es unklug von ihr war, ihr ganzes Vermögen auf diese Chance einer Heilung zu setzen. Heilung war das, was sie vor allem anderen ersehnte. Und deshalb leuchtet es ein, dass ihr ganzer irdischer Besitz dafür eingesetzt wurde, diese Heilung zu finden.

Letzten Endes sind wir doch alle bereit, unser Geld für die Dinge auszugeben, die uns am kostbarsten sind. Für die Frau mit dem Blutfluss war es die Heilung. Für den Kaufmann im Gleichnis war es die kostbare Perle. Dafür verkaufte er alles, was er sonst besaß – für eine besonders wertvolle Perle (s. Matthäus 13,46).

Ja, wir investieren in das, was uns am Wichtigsten ist. Sei es nun Geld, Zeit, Kraft oder emotionale Energie, wir widmen sie den Dingen, von denen wir meinen, dass sie unsere Hingabe wert sind.

In der Highschool habe ich in mein Versteckspiel investiert. Ich habe Zeit, Kraft und Gefühle eingesetzt, um meine Krankheit zu verbergen – um den Schein zu wahren. Jeden Tag, wenn ich in den Spiegel sah oder in der Sporthalle meine falschen Wimpern malte, habe ich dafür bezahlt. Mit jedem Gespräch, das ich mit einer Freundin hätte führen sollen, das aber nicht tat, habe ich dafür bezahlt.

Letzten Endes zahlen wir den Preis für das, was wir unserer Hingabe für wert halten, nie in Form von Geld oder Zeit oder Kraft. Es geht um das, was dahinter liegt; es geht um die Verzweiflung, mit der wir uns sichern wollen, was wir unbedingt haben müssen. Für die Frau mit dem Blutfluss war es die verzweifelte Sehnsucht, geheilt zu sein, rein zu sein, die sie ihr ganzes Geld für Ärzte ausgeben ließ. Für mich war es der verzweifelte Versuch, normal zu sein, der mich Zeit und Kraft dafür einsetzen ließ.

Und wenn wir so verzweifelt nach irgendetwas anderem streben als nach Gott, dann wird dieses andere zum Götzen. Wir können nie genug zahlen; am Ende enttäuschen diese Götzen uns. Die blutende Frau gab ihr ganzes Vermögen für die Ärzte aus, aber es wurde immer schlimmer mit ihr. Ich investierte Zeit und Kraft, um den Anschein von Normalität aufrechtzuerhalten, aber es funktionierte nicht – jedenfalls nie auf Dauer.

Sosehr ich mich um ein normales Aussehen bemühte und mir die Mühe mit den falschen Wimpern machte, manchmal war ich es einfach leid, diese zehn- oder zwanzigminütige Tortur, bis die falschen Wimpern saßen. Und darum ging ich manchmal, wenn ich meinte, die Symptome seien gerade nicht allzu sichtbar, auch ohne Wimpern mit meinen Freunden aus, nur mit Mascara und Eyeliner getarnt.

Bei einem Basketballspiel passierte es dann. Ein paar von uns waren ins Stadion gefahren, um ein Spiel unserer Schulmannschaft gegen eine andere Schule anzusehen. Wir saßen auf der Tribüne, ich in der untersten Reihe, einige Freundinnen über mir. In einer Spielpause beugte Jane sich zu mir herunter und tippte mir auf die Schulter.

„Ann, was ist mit deinen Wimpern passiert? Die sind ja … fast weg."

Ich schnappte nach Luft.

Am liebsten wollte ich wegrennen oder im Boden versinken. Ich, das Mädchen, das die Aufmerksamkeit anderer genoss und gern neue Freundschaften schloss. Ich, das Mädchen aus dem vielversprechenden Volleyballteam, die, die in der Schule gern die Hand hob und laut im Chor sang. An jenem Abend dort auf der Tribüne war ich jemand anders. In jenem Moment schwankte ich zwischen In-Tränen-Ausbrechen und Wegrennen. Ich fühlte mich klein und schämte mich.

Janes Frage hing noch in der Luft. Aber wie spricht man über etwas, das man vom ersten Moment an immer geheim gehalten hat? Wie macht man mitten in einem Highschool-Basketballmatch Small Talk über so etwas? Und wie verhindert man, dass man sich auflöst, wenn doch jemand die Frage stellt, die man am allermeisten gefürchtet hat?

Ich wusste nicht, was ich sagen sollte.

Dann log ich.

„Was meinst du denn? Meine Wimpern sind eben so." Dann stand ich auf, mitten im Spiel. „Ich muss grad mal wo hin."

Mit Herzklopfen rannte ich zu den Toiletten, die am weitesten vom Spielfeld und dem Lärm und meinen Freundinnen weg waren, stellte mich vor den Spiegel und begutachtete mich selbst. Vor einer Reihe verlassener Waschbecken starrte ich mir ins Gesicht und versuchte zu sehen, was Jane sah.

Ich sah müde aus. Mit siebzehn hatte ich die Wimpern und Augenbrauen einer alten Frau. Die Wimpernhärchen waren kurz, dornenartig und zeigten in alle möglichen Richtungen. Mein Augen-Make-up war zu kräftig; mit Eyeliner und Mascara hatte ich versucht, den wahren Zustand zu vertuschen. Aber wie alles andere im Zusammenhang mit Trich funktionierte es nicht.

Ich hätte weinen können, aber ich wusste, dass das mein Augen-Make-up ruinieren würde. Also schluckte ich meine Tränen hinunter, holte einmal und dann noch einmal tief Luft und ließ meine Füße zur Tribüne zurückwandern. Wenn ich zu lange wegblieb, würde Jane nur noch mehr Fragen stellen und dem war ich an diesem Abend nicht mehr gewachsen.

Als ich die Tribüne erreichte, setzte ich mich eine Reihe höher als meine Freundinnen. Ich sagte nicht viel, applaudierte nur, wenn ein Applaus fällig war. Mein Herz war tausend Meilen weit fort in seinem Versteck.

Kapitulation in Raten

Wenn wir verzweifelt etwas von Gott brauchen – wenn wir das Gefühl haben, wir verzehren uns nach etwas aus seiner Hand –, dann sind wir bereit, alles, was uns kostbar ist, herzugeben, um zu bekommen, was wir wollen. Die Frau mit dem Blutfluss wollte Heilung, und um die zu bekommen, gab sie alles her, was sie besaß.

Daran hat sich in zweitausend Jahren nicht viel geändert. Eine Freundin von mir, deren Sohn mit zwei Jahren an Krebs erkrankt ist, hätte jede Summe für die Gesundheit und das Leben ihres Sohnes gezahlt. Eine andere Freundin hat Tausende von Dollar für medizinische Maßnahmen gezahlt, um schwanger zu werden.

In unterschiedlichem Maß investieren wir alle Zeit, Kraft und unsere emotionale Gesundheit – und manchmal auch Geld –, um das zu verbergen, was wir für unsere größte Schwäche halten. Wir tragen andere Kleider, um die Pfunde zu kaschieren, die wir zugelegt haben; wir meiden Gespräche, die schmerzhaft werden könnten; wir meiden Menschen, die uns verletzt haben; wir knüpfen keine neuen Kontakte mehr; wir gehen nicht mehr zur Kirche; wir hören auf zu beten; wir geben die Hoffnung auf. Und allmählich fühlt sich das Leben hohl an und schmerzt bei jeder Berührung.

Die Verzweiflung hat ihren eigenen Preis. Aber mitten im Schmerz erfahren die meisten von uns, dass es noch einen Preis zu zahlen gibt. Es ist der Preis des Wartens. Wenn wir warten müssen, dass Gott für uns handelt – wenn wir ans Ende unserer eigenen Möglichkeiten gelangen, an die wir uns noch geklammert haben –, dann tut das weh.

Wenn wir gezwungen sind, auf Gottes Handeln zu warten – auf Heilung, auf Versorgung durch ihn, auf eine Antwort von ihm –, dann kommen wir irgendwann an einen Punkt, an dem wir das Gefühl haben, wir könnten das Warten nicht mehr ertragen. Dann schmerzt das Warten selbst – manchmal mehr als das ursprüngliche Leid, das unser Warten erst ausgelöst hat.

Wer jahrelang darauf wartet, ein Kind zu bekommen, wird vielleicht dieses Warten selbst als den teuersten Preis erleben. Die Tage sind getrübt vom anscheinenden Schweigen Gottes, von unbeantworteten Gebeten; die Jahre dehnen sich endlos – aber wohin? Ein Ende des Wartens scheint nicht in Sicht.

Wer heiraten möchte, aber keinen Partner findet, kann das Warten wie eine Last empfinden, wie ein endloses Meer, in dem man schwimmt, ohne je das andere Ufer zu erreichen. Der Schmerz ist immer spürbar, wenn andere einen Partner finden, Kinder bekommen; das Gefühl, dass der Himmel die eigenen Träume zerschmettert, macht das Warten qualvoll, manchmal unerträglich.

Wer das Gefühl hat, sich in seinem Job, seinem Leben, seiner Ehe festgefahren zu haben – wer sich verzweifelt eine Veränderung wünscht, aber nicht weiß, was er dazu tun kann –, den kann das Warten ausmergeln wie Sandpapier Holz. Konfrontiert mit dem Fehlen einer Vision, dem Fehlen von Hoffnung, dem Mangel an Klarheit von Gott, wird das Warten zum Kampf.

Warten ist schwer. Ganz besonders, wenn kein Ende abzusehen scheint.

Irgendwann in meiner Highschool-Zeit spürte ich, dass das Warten auf Heilung mich auszehrte. In jedem anderen Lebensbereich konnte ich den geforderten Preis zahlen, wenn etwas schwer oder herausfordernd war. Ich nahm mir einen Tutor, um in Mathe mitzukommen. Ich schlief wenig, wenn ich für wichtige Klausuren lernen oder Hausarbeiten schreiben musste. Und ich ging zum Volleyballtraining, obwohl ich mir einen Haarriss im linken Fuß zugezogen hatte. Ich spielte weiter, als der Schmerz akut wurde und der Knochen sich zu spalten drohte wie eine Wünschelrute. Ich spielte weiter, obwohl der Arzt (und das Röntgenbild) mir zeigten, dass es Zeit war, meinem Körper Ruhe zu gönnen. Ich spielte, weil ich bereit war, den Preis zu zahlen – unter Schmerzen –, den Preis für die Chance, mit meiner Mannschaft die Landesmeisterschaft zu gewinnen.

Aber nach fünf, sechs, sieben Jahren mit Trichotillomanie musste ich einsehen: Ich konnte den Preis nicht zahlen, um diese Krankheit loszuwerden. Ich hatte nichts mehr, womit ich zahlen konnte. Zeit? Abgehakt. Kraft? Abgehakt. Therapie? Abgehakt. Verhaltenstraining? Abgehakt. Gebet? Abgehakt.

Es reichte einfach nicht.

An dem Punkt, wo mein verzweifeltes Verlangen nach Heilung und mein Unvermögen, diese Heilung zu finden, sich trafen, entwickelte ich eine tiefe seelische Erschöpfung, die mich lange Zeit begleiten sollte. Ich hatte gehofft, dass ich einfach aus der Krankheit herauswachsen würde, dass ich es irgendwann mit Willenskraft schaffen würde aufzuhören. Aber als ich achtzehn wurde, hatte ich eine Art innerer Gewissheit, dass die Trichotillomanie nicht einfach so verschwinden würde. Ich musste langsam einsehen, dass diese Schwachheit mich begleiten würde, bis Gott mich heilte. Schließlich hatte ich nichts mehr, womit ich zahlen konnte. Es gab nichts mehr, das ich einsetzen konnte, damit es mir besser ging.

Das war keine schöne Erkenntnis. Aber während ich meine Klausuren schrieb, Prüfungen machte, das College besuchte, mich für Stipendien bewarb, akzeptierte ich allmählich die Tatsache, dass ich auf Heilung von dieser Krankheit warten würde, bis Gott sie mir schenkte.

Manchmal, wenn ich am Computer saß, um eine Arbeit zu schreiben, riss ich mir – statt zu tippen – die Wimpern aus. Die weiße Tastatur war schließlich mit schwarzen Härchen bedeckt und ich kämpfte mit den Tränen und meiner Selbstverachtung. Ich blies die Härchen fort und versuchte zu vergessen, was ich nicht aufhören konnte, mir selbst anzutun.

Ich würde mich nicht selbst heilen können.

Das war keine Augenblickserkenntnis, sondern ein zunehmendes Gefühl von Ohnmacht. Nach Jahren mit Buchseiten voller Wimpern, Tastaturen mit Wimpern in allen Fugen, Büchern mit Wimpern zwischen Block und Buchrücken begann ich schließlich anzuerkennen, wie enttäuscht meine Seele und wie verwundet mein Herz war. Seit sieben Jahren hatte ich keine einzige Woche erlebt, ohne mir die Wimpern auszureißen, und jetzt fühlte ich mich besiegt. Ich sehnte mich verzweifelt danach, dass Gott mich heilte.

Das Warten hatte all meine Kraft und meine Hoffnung aufgebraucht. Denn Warten fordert einen Preis, den man unmöglich ignorieren kann: Warten zwingt uns, unser Vertrauen darauf aufzugeben, dass wir den Preis je bezahlen können, dass wir die Dinge bewirken können, dass wir uns selbst helfen können. Wir zahlen diesen Preis, indem wir unsere eigene Unzulänglichkeit anerkennen und zugeben, dass wir unser Leben nicht selbst im Griff haben.

Das Geschenk der eigenen Unzulänglichkeit

Die Frau mit dem Blutfluss hat diese Kosten des Wartens auch gespürt. Der Preis ihrer eigenen Unzulänglichkeit muss ihr nach zwölf Jahren des Wartens schmerzhaft bewusst gewesen sein. Sie hatte alles eingesetzt – jeden Dinar, den sie besaß, hatte sie für Hebammen- und Arztrechnungen und Heilmittel ausgegeben, die nicht halfen. Ihre Mitgift war so im Lauf der Jahre aufgezehrt worden und damit die Hoffnung, je heiraten zu können.

Es war nicht nur das Geld, das sie verlor – es war der Traum von einer Zukunft. Es war schlimm genug, das Vermögen zusammenschmelzen zu sehen, während sie nach einer Heilmethode suchte; aber noch dazu war sie gezwungen, sich davon zu verabschieden, sich auf sich selbst verlassen zu können. Und nun hatte sie kein Geld mehr und damit auch keine Möglichkeit, auf eigenen Füßen zu stehen, selbst wenn sie es wollte.

Der Preis des Wartens ist das Zusammenschmelzen unserer Illusion, wir hätten unser Leben im Griff. Jener Moment bei dem Basketballspiel, als Jane mich fragte, was mit meinen Wimpern los sei, posaunte mir die Botschaft in mein verletzliches Herz: Ich schaffte es nicht. Ich konnte die Fassade nicht länger aufrechterhalten. Sosehr ich mich auch bemühte, es gelang nicht – nicht nur, dass ich mir die Wimpern ausriss, nein, ich war auch noch unfähig zu verbergen, dass ich es tat.

Damit war ich aufgeflogen.

Aber das ist gerade die Wahrheit, oder? Wir haben unser Leben nicht selbst im Griff. Wir können nie genügend Ressourcen, genügend Weisheit, genügend Gesundheit aus uns selbst heraus produzieren. Warten bedeutet daher sehr oft, uns so zu sehen, *wie wir wirklich sind:* gebrochen, schwach, unfähig, unser Leben selbst in Ordnung zu bringen. Das ist ein hoher Preis, einer, der schmerzt. Aber es ist der Preis, der gezahlt werden muss. Und den wir zahlen müssen, wenn wir in der Spur von Jesus gehen wollen.

Das alles ist für mich keine bloße Theorie. Ich habe erlebt, wie es ist, den Preis der Einsicht in meine eigene Unzulänglichkeit zu zahlen. Meine Krankheit hat mich wieder und wieder an diesen Ort gestoßen, an dem mir bewusst wurde, dass ich absolut nichts für mich selbst tun kann. Immer wenn ich gerade gute Noten vorweisen konnte, zu einem Date eingeladen wurde oder unser Team die Landesmeisterschaft gewonnen hatte, verfiel ich wieder in meinen Tick – eine ständige Erinnerung daran, dass ich unfähig war, das Leben zu leben, das ich gern leben wollte.

Auf die eine oder andere Weise haben wir alle mit dieser Unfähigkeit zu kämpfen. Meine Freundin Michelle leidet unter Depressionen – sie wäre gern fröhlich und zufrieden, aber das lässt sich nicht durch Willenskraft erreichen. Meine Freundin Charlotte hat in den letzten Jahren etliche Kilo zugenommen und sie schafft es nicht, ein Gewicht zu erreichen, mit dem sie sich in ihrem eigenen Körper wohlfühlt. Andere Freundinnen bemühen sich schon lange um eine Adoption, aber die bürokratischen Wege sind endlos und nichts scheint sich zu bewegen. Wir rennen immer wieder gegen dieselbe Wand, die uns daran erinnert, wie vieles wir nicht selbst schaffen können.

Aber das zu erkennen – uns bewusst zu sein, wie wenig wir unser Leben selbst in der Hand haben –, das ist in sich ein Geschenk.

Ich weiß, es fühlt sich nicht an wie ein Geschenk. Es fühlt sich eher schmerzhaft an. Für mich als Teenager war meine Unfähigkeit, die Trichotillomanie abzulegen, wie ein sehr unwillkommenes Geschenk, das ich gar nicht auspacken wollte. Es fühlte sich an wie der Stachel einer Zurückweisung, wie der Schmerz über leere Versprechungen.

Ich wollte keine Trichotillomanie haben. Ich wollte sie hinter mir lassen. Aber als ich der Tatsache ins Auge sah, dass ich mich nicht selbst heilen konnte, erreichte ich den Ort, an dem ich Jesus begegnete.

In meiner Gemeinde gab es jeden Sonntag einen Jugendgottesdienst mit zwei- oder dreihundert Teenagern. Ich liebte diese Gemeinde, liebte das elektrisierende Gefühl, mit anderen Jugendlichen zusammen Lobpreislieder zu singen und gemeinsam mehr über Jesus zu erfahren, den wir alle liebten. Es gefiel mir, dass die Erwachsenen in der Gemeinde uns ebenfalls wie Erwachsene behandelten. Sie legten uns die Bibel aus und das weckte in mir den Wunsch, Gottes Wort immer mehr und immer tiefer zu verstehen. Ich wurde durstig nach Wahrheit.

Einmal sprach in unserem Jugendgottesdienst ein Prediger von außerhalb. Er predigte über Reinheit und wie man Gott mit seinem Körper ehrt: „Habt ihr denn vergessen, dass euer Körper ein Tempel des Heiligen Geistes ist? Der Geist, den

Gott euch gegeben hat, wohnt in euch, und ihr gehört nicht mehr euch selbst. Gott hat euch als sein Eigentum erworben; denkt an den Preis, den er dafür gezahlt hat! Darum geht mit eurem Körper so um, dass es Gott Ehre macht!" (1. Korinther 6,19-20; NGÜ).

Ich wusste zwar, dass die Predigt sich um sexuelle Reinheit und Beziehungstipps drehte, aber für mich besagte dieser Vers etwas anderes. Mein Körper gehörte nicht mir selbst. Jesus hatte bereits den höchsten Preis dafür bezahlt. Er hatte das höchste Opfer gebracht – für meinen Körper. Sogar für meine Wimpern. Für die Trichotillomanie. Er wusste, wie verhasst mir meine Krankheit war – er wusste es aus Tausenden Gebeten –, wusste, wie sehr ich mich danach sehnte, sie los zu sein. Er wusste, dass ich mit meinem Tick aufhören *wollte,* es aber aus mir selbst heraus *nicht konnte.* Er verstand, was in meinem Herzen vor sich ging.

Und indem ich annahm, dass Jesus bereits meinen Körper für sich erkauft hatte, so wie er war, konnte ich auch die Verzweiflung loslassen, an die ich mich geklammert hatte – dieses panikartige Bedürfnis, frei zu werden von Trichotillomanie. Ich wusste, ich würde weiterhin versuchen, meinen Tick abzulegen, würde weiterhin versuchen, normal auszusehen. Mein Wunsch nach Heilung hatte sich nicht verändert. Aber ich konnte jeden falschen Gedanken ablegen, der mir weismachen wollte, ich könnte das aus mir selbst heraus erreichen.

Ich würde warten.

Das war alles, was ich tun konnte. Warten. Auf Jesus.

Richtig warten

Aus uns selbst heraus kann niemand von uns seine Schwachheit besiegen, aufhören zu sündigen, Heilung erlangen oder das Glück finden. Unsere Versuche, unser eigenes Schicksal zu bestimmen, erweisen sich als vergeblich. Eine Liebe zerbricht, wir verlieren den Job, wir haben eine Fehlgeburt, die ersehnte Heilung bleibt aus. Wenn wir lange genug innehalten, werden wir unweigerlich spüren, wie wenig wir in der Lage sind, den Preis für das, was wir uns zutiefst wünschen, zu zahlen. Das Warten macht uns das nur umso deutlicher bewusst; es zwingt uns, lange genug stehen zu bleiben, um zu bemerken, was wir alles nicht erreichen oder nicht möglich machen können.

Und darum hat es einen hohen Preis, wenn wir auf Gottes Eingreifen in unserem Leben warten. Offen gesagt: Gut zu warten – auf die richtige Weise zu warten –, wird uns alles kosten, was wir haben. Es wird uns die Illusion kosten, wir hätten die Dinge unter Kontrolle. Es wird uns den Glauben kosten, wir könnten uns selbst genug sein. Es wird bedeuten, der Tatsache ins Auge zu sehen, dass wir die Dinge nicht machen können – und es wird heißen, dass wir uns Jesus zu Füßen werfen und ihn bitten, dass er tut, was wir nicht vermögen.

Aber genau dort werden wir entdecken: Das Geschenk des Wartens besteht darin, dass wir *im Warten* – und selbst wenn wir glauben, wir hätten keine Kraft mehr dazu –, dass wir genau darin Jesus begegnen.

Jesus, der jeden Preis zahlt. Jesus, der den allerhöchsten je gezahlten Preis für unsere Gebrochenheit gezahlt hat – den Preis seines eigenen Lebens:

Ihr wisst doch, dass ihr freigekauft worden seid von dem sinn- und ziellosen Leben, das schon eure Vorfahren geführt hatten, und ihr wisst, was der Preis für diesen Loskauf war: nicht etwas Vergängliches wie Silber oder Gold, sondern das kostbare Blut eines Opferlammes, an dem nicht der geringste Fehler oder Makel war – das Blut von Christus. Schon vor der Erschaffung der Welt war Christus als Opferlamm ausersehen, und jetzt, am Ende der Zeit, ist er euretwegen auf dieser Erde erschienen. Durch ihn habt ihr zum Glauben an Gott gefunden, der ihn von den Toten auferweckt und ihm Macht und Herrlichkeit verliehen hat, und deshalb ruhen jetzt euer Vertrauen und eure Hoffnung auf Gott.

1. Petrus 1,18-21 (NGÜ)

Jesus allein kennt den wahren Preis von Zerbrochenheit und Sünde, den wahren Preis von Schwachheit und Scheitern: Er hat ihn am Kreuz bezahlt. Und deshalb können wir ihm vertrauen. Wir können vertrauen, dass er uns versteht, wenn wir mit Krankheit zu kämpfen haben, mit einer zerbrochenen Ehe oder einem schwierigen Kind; mit Sorgen und Sünden und unserem wankelmütigen Herzen. Er hat den Preis bereits bezahlt. Darum können wir ihm vertrauen, während wir darauf warten, dass er tut, was wir nicht vermögen – uns heilen, uns helfen, einen Weg bahnen, wo kein Weg ist.

Unser Gott ist einer, der uns seinen eigenen Sohn nicht vorenthalten hat (s. Römer 8,32). Er ist der, der bereit war, den höchsten Preis für uns zu zahlen. Er wird uns geben, was wir brauchen, wenn auch vielleicht nicht so, wie wir es uns gedacht haben, oder nicht nach unserem Zeitplan.

Und so warten wir. Bis er es tut.

4

Die einzige Identität

Bis Sarah ihren neunzehnten Geburtstag feierte, wusste der ganze
Ort, dass sie nicht heiraten würde. Irgendwie war das Geheimnis
durchgesickert – dass sie ständig blutete – und die Vermutungen
der Dorfbewohner erwiesen sich als wahr. Sie war mangelhaft,
unrein, unfähig zu heiraten. Es wäre unmöglich gewesen, ihr Geheimnis noch länger zu verbergen, sagte Sarah sich selbst. Als
sie noch fast ein Kind gewesen war, war es leichter zu vertuschen
gewesen, dass sie nicht am Gottesdienst oder an Festlichkeiten
der Gemeinde teilnehmen konnte. Jetzt, da sie ganz offensichtlich
eine Frau geworden war, fiel es auf, dass sie bei den religiösen
Zusammenkünften fehlte. So gern wollte sie überall dabei sein,
wollte Anteil haben am Leben ihres Dorfes. Aber sie konnte es
nicht. Das Gesetz hielt sie fern von allem, was ein normales Leben
ausmachte. Unerbittlich fern.

Und so führte sie ein einfaches, kleines Leben. Die meisten
Tage verbrachte sie innerhalb der Mauern ihres Elternhauses,
wo sie zum Leben der Familie beizutragen versuchte, was sie nur
konnte. Ihre Schwester war inzwischen verheiratet und jetzt auch
schwanger. Ihre älteren Brüder waren ebenfalls aus dem Haus und
hatten eigene Familien gegründet. Und ihr jüngerer Bruder ging
bei einem Zimmermann in die Lehre.

Sarah knetete den Brotteig, knetete und knetete und knetete. Sie wischte jeden Tag den Boden und kümmerte sich um die Bäume, deren Wurzeln das Fundament des Hauses auszuhebeln drohten. Aber sie ging nicht zum Markt, ging nicht in die Synagoge, ging zu keiner Hochzeit oder sonst einem Fest im Dorf.

Weder die Fleischbrühe noch die verschiedenen Mixturen, die sie trank, brachten die Blutung zum Stillstand. Sie versuchte es mit Fasten, mit einem Gemisch aus Wein und Alaun, mit allem, was man von ihr verlangte. Sie brachte besondere Opfer, von denen ihre Eltern nichts wussten. Sie konnte zwar nicht selbst in den Tempel gehen, aber sie bat ihren Bruder, zwei kleine Tauben für sie zu den Priestern zu bringen, damit die heiligen Männer Sühne für eine Sünde erwirken konnten, die sie offenbar begangen hatte – auch wenn sie nicht wusste, was das gewesen sein sollte.

Und doch wurde es immer schlimmer mit ihr. Die Blutungen waren jetzt stärker als früher. Sarah hatte angefangen, sich selbst danach zu nennen, was sie war: die Blutende. Sie konnte sich selbst nicht mehr anders sehen als so – sie war die blutende Frau. Alles, was sie sonst noch ausmachte, was oder wer sie gern gewesen wäre, war im Lauf der Jahre mit dem Blut weggeschwemmt worden. Die blutende Frau – das war die einzige Identität, die ihr noch geblieben war.

Über die Jahre gab es viele Eigenschaften, mit denen ich mich selbst identifiziert habe. „Groß" war eine davon, „sensibel" eine andere. „Gewissenhaft" nannten mich meine Lehrer – eine nette Art zu sagen, dass ich immer sehr bemüht war, alles richtig zu machen.

Eine andere Eigenschaft, nach der ich mich immer gesehnt habe, ist „schön". Als kleines Mädchen habe ich mich als Prinzessin verkleidet, bevor ich meine Sneakers anzog und zur Tennisstunde ging. Ein paar Jahre später stolperte ich in den Stöckelschuhen meiner Mutter durchs Haus, auch wenn sie mir viel zu groß waren, bevor ich sie dann gegen meine Basketballschuhe tauschte. Sosehr ich den Sport und meinen Pferdeschwanz liebte, so sehr genoss ich es auch, ein kleines Mädchen zu sein. Ich wollte schon immer schön sein. Und ich habe noch keine Frau getroffen, der dieses Thema egal ist. In irgendeiner Weise geht es uns alle an. Der Ausdruck und das Schönheitsideal mögen für jede Frau anders aussehen; aber selbst die, die sich gegen die kulturellen Schönheitsnormen auflehnen, suchen meist doch nach irgendeiner Ausdrucksform ihrer Einzigartigkeit – nach einer eigenen Definition dafür, was es heißt, schön zu sein.

Das Problem mit der Trichotillomanie – und unter anderem der Grund dafür, warum es mir so schwerfiel, meine Schwachheit zu akzeptieren – war, wie sie sich in meine Identität hineindrängte. Ganz besonders in meinen letzten Highschool-Jahren und auf dem College. Ich war die Frau, die sich die Wimpern ausriss – und das formte meine Identität. Eine Identität, die ich verabscheute. Aber auch eine, mit der ich mich gut auskannte, die mir vertraut war.

Für jemanden, der nicht von der Krankheit betroffen ist, ist es schwer vorstellbar, wie sehr meine Gedanken darum kreisten. Es ist bezeichnend, was einem auffällt, wenn man von einer Sache besessen ist. Als jemand, der sich Wimpern und Brauen auszupfte, sah ich Wimpern *überall*. In jeder Zeitschrift sprangen mir die Anzeigen für „längere, kräftigere, dichtere Wimpern" ins Auge; Fernsehwerbung und Werbeplakate zeigten Bilder von Frauen mit verführerischen Wimpern. Dieses ständige Erinnertwerden verfolgte mich und brachte mir dauernd neu zu Bewusstsein, dass ich nicht einmal die Wimpern hatte, die man brauchte, um die entsprechend beworbene Wimperntusche aufzutragen. Ganz zu schweigen von „unendlich geschmeidigen Wimpern" oder „vierfacher Fülle, Dichte und Schwung". Ich wollte einfach nur ganz gewöhnliche Wimpern an meinen Lidern haben.

Wimpern scheinen ein wichtiges Detail in unserem Gesicht zu sein, das man kaum genug betonen kann. Besonders auf das Auge der Frau ist unsere Kultur seit Jahrtausenden fixiert. In den Kulturen der Antike wurde Augen-Make-up vermutlich zuerst für religiöse Rituale aufgelegt, später verband es sich mit Vorstellungen von Schönheit und Anmut. Frauen in Ägypten, Rom, Griechenland, Japan haben Wege gefunden, glanzlosen Augen mehr Strahlen zu verleihen. Kohle, pflanzliche Substanzen, sogar Vogelkot wurden verwendet, um Lider und Wimpern dunkler zu färben. Über Jahrhunderte gab es in allen Kulturen bewährte Methoden, der Schönheit nachzuhelfen.

Und ich hatte ebenfalls meine Methoden. Ich ging nie ohne Augen-Make-up aus dem Haus. Es war so selbstverständlich, wie die Brille aufzusetzen oder Unterwäsche zu tragen: Augen-Make-up war ein Muss. Ohne falsche Wimpern oder zumindest Mascara auszugehen, war mir einfach zu peinlich. Im College gab es Tage, an denen ich nach nächtlichen Studien mit verschwommenem Blick aufwachte, eine schmutzige Jeans und ein irgendwie greifbares T-Shirt überwarf und dann fünfzehn Minuten darauf verwandte, meine Wimpern zu kaschieren, bevor ich mein Zimmer verließ. Selbst wenn ich die Augen teilweise hinter Glas verbarg, fürchtete ich immer, dass jemand mich ohne Augen-Make-up sehen könnte.

Aber weil ich in einem Studentenwohnheim lebte, musste ich mir mein Zimmer teilen. Meine Mitbewohnerin hieß Jessica. Ich erinnere mich noch genau daran, wie ich sie am Einzugstag zum ersten Mal sah, wie sie den langen Flur im Wohnheim herunterkam. Wir stießen beide einen Freudenschrei aus, liefen aufeinander zu, fielen uns in die Arme und begründeten tränenreich eine Freundschaft, die lange halten sollte (Jessica hat ebenfalls nah am Wasser gebaut). Zu der Zeit gab es noch keine sozialen Medien. Wir hatten vor Semesterbeginn nur ein- oder zweimal miteinander telefoniert, kannten uns also kaum. Wir wussten nur, dass wir beide im Volleyballteam des Colleges sein und ein Zimmer teilen würden. Aber als ich Jess dann begegnete, wusste ich sofort sehr viel mehr: Ich wusste, dass wir beste Freundinnen sein würden.

Es war leicht, Jessica zur Freundin zu haben: Sie war unbekümmert, wo ich angespannt war; sie lachte, wo ich mir Sorgen machte. Sie war rasch bereit zu vergeben, wo ich mich mit der Frage quälte, ob sie mir je verzeihen konnte. Wir waren auf Anhieb Freundinnen. Wenn ich zurückblicke, weiß ich, dass es für mich viel leichter war, mit ihr auszukommen, als umgekehrt. Sie war ordentlich und ruhig und ging früh schlafen – ich war … das genaue Gegenteil. Aber sie nahm mich so, wie ich war, und gab mir nie das Gefühl, dass ich mich ändern müsste. Außer meiner Familie hatte ich noch nie eine solche Freundin gehabt – jemanden, der mich einfach liebte und trotz all meiner Macken gern mit mir zusammen war.

Im Wohnheim gab es Gemeinschaftswaschräume, was bedeutete, dass Jess sehr schnell sehr viel von mir zu sehen bekam, ob sie wollte oder nicht. Mir wurde klar – und zwar sehr schnell –, dass ich meine falschen Wimpern vor ihr nicht würde geheim halten können. Ich würde sie jedenfalls nicht vor dem riesigen Spiegel im Waschraum auflegen, den dreißig andere Mädchen ebenfalls benutzten. Entweder würde ich morgens so früh aufstehen müssen, dass sonst noch niemand wach war, oder ich musste Jess sagen, dass ich meine Augen-Make-up-Prozedur in unserem Zimmer durchführen würde.

Wer mich kennt, weiß: Früh aufstehen war keine Option. Man hätte mich genauso gut bitten können zu fliegen: Man kann ja davon träumen, aber der Traum endet regelmäßig mit einem Absturz. Und so erzählte ich Jess in diesem ersten Semester am College sehr bald von meiner Krankheit. Ich wusste, es ging nicht anders. Und obwohl ich mich einerseits fürchtete, sehnte ich mich andererseits auch danach, es endlich jemandem zu sagen.

Eines Tages waren wir beide allein in unserem Zimmer und hatten etwas Zeit.

„Jess?"

„Mmhh?" Sie saß am Computer und das leise *tip-tip* ihrer Finger auf der Tastatur füllte den Raum.

„Ich möchte dir etwas sagen."

Ich weiß nicht, ob es mein Tonfall oder das Zittern in meiner Stimme war – jedenfalls drehte Jessica sich mit ihrem Stuhl um und schenkte mir ihre ganze Aufmerksamkeit.

Ich fing an zu weinen.

„Ann? Alles okay?" Mit einer natürlichen Mütterlichkeit setzte Jessica sich neben mich auf die Couch und legte mir den Arm um die Schultern. „Was ist denn los?"

Ich versuchte, tief durchzuatmen. „Ich weiß, du wirst mich überhaupt nicht verstehen, aber ich möchte dir von einem Problem erzählen, das ich habe."

Sie nickte und strich mir in großen kreisförmigen Bewegungen über den Rücken.

„Seit ungefähr acht Jahren reiße ich mir selbst meine Wimpern und Augenbrauen aus. Man nennt es Trichotillomanie."

Alles sprudelte aus mir heraus. „Ich kann nicht damit aufhören. Ich will ja und ich hasse mich selbst dafür, dass ich es immer wieder tue. Jedenfalls wollte ich, dass du es weißt." Ich konnte die Tränen nicht mehr zurückhalten; sie strömten meine Wangen hinunter. „Es ist mir total peinlich und ich schäme mich so dafür. Und ich habe Angst, du hältst mich jetzt für durchgeknallt."

Als Jessica mich ansah, schimmerten ihre Augen feucht. Ihre Stimme war ganz ruhig. „Ann, ich halte dich nicht für durchgeknallt." Sie machte eine kleine Pause. „Und das ist nichts, wofür du dich schämen musst. Irgendein Problem hat doch jeder." Sie nahm mich in den Arm und ich schluchzte eine lange Weile an ihrer Schulter. Ich weiß noch, dass ich sehr erleichtert war, mich aber gleichzeitig emotional so nackt fühlte wie noch nie.

Vielleicht klingt das alles ziemlich dramatisch. Vielleicht so, als hätte ich mir die Krankheit viel zu sehr zu Herzen genommen, als würde ich mir viel zu viele Gedanken darüber machen. Aber nach all den Jahren, in denen ich alles getan hatte, sie zu verbergen, nach all meinen Bemühungen zu vertuschen, womit ich kämpfte, hatte sich alles auf diesen Moment auf dem blauen Sofa in unserem Studentenzimmer zugespitzt. Noch nie hatte ich ein solches Gespräch geführt – hatte noch nie über meine Krankheit gesprochen. Ja, mit meinen Eltern und meiner Schwester, aber da war ich nie diejenige gewesen, die das Gespräch darüber angefangen hatte. Als die Krankheit begonnen hatte, war ich so jung gewesen, dass sie sich irgendwie in die Normalität unseres Lebens und unserer Gespräche hineingewoben hatte; sie gehörte eben dazu. Als Jane mich damals bei dem Basketballspiel darauf angesprochen hatte, hatte ich gelogen, um nicht darüber sprechen zu müssen. Aber Jess gegenüber hatte ich das Gespräch begonnen. Ja, ich fürchtete mich davor, die Wahrheit auszusprechen, aber jetzt war ich auch bereit dazu. Ich wollte nicht mehr damit allein sein; ich wollte nicht weitere vier Jahre Verstecken spielen. Ich wollte frei sein.

Jess war ein echtes Gottesgeschenk für mich. Meine schlimmste Befürchtung war jetzt eingetroffen – dass jemand von meiner Krankheit wissen könnte. Aber Jess verhielt sich mir gegenüber kein bisschen anders; sie behandelte mich nicht, als sei ich seltsam oder komisch oder schwach. Sie wollte einfach wissen, wie sie mir helfen konnte. Also sagte ich: „Wenn du beobachtest, wie ich eine Wimper ausreiße, sag's mir einfach." Und das tat sie. Und ansonsten betete sie für mich und ließ mich weinen, wenn ich weinen musste.

Zu meiner Überraschung sah sie mich nicht durch die Brille meiner Kaputtheit, die ich so fürchtete. Jess verurteilte mich nicht für meine Schwachheit. Sie reduzierte mich nicht auf meinen Kampf mit Trichotillomanie.

Mein bestes Gesicht

Jess mochte mich vielleicht nicht durch die Brille der Trichotillomanie betrachten, aber ich selbst hatte Mühe, mich anders zu beurteilen. Jahrelang hatte ich mich nun schon als jemanden gesehen, der sich die Wimpern ausriss. Ja, ich war auch eine liebevolle Tochter, eine kameradschaftliche Schwester und eine intelligente Studentin. Wenn ich mein Leben im Ganzen betrachtete, sah ich jemanden, der überwiegend okay war, bei dem allerdings in einem Bereich ein flammendes rotes X aufleuchtete. Ich sah mich als zutiefst defekt – als jemand mit einem irreparablen Schaden.

Als ich dann tatsächlich über meine Krankheit sprach, erkannte ich das Absurde an dieser Haltung. Jess war die Erste, die mir half, das zu sehen. Und in meinem College-Seminar in biblischer Theologie begann ich auch zu verstehen: Als glaubender Mensch, als jemand, der vom Kreuz und vom leeren Grab her lebte, hatte ich doch ohnehin schon bekannt, dass ich voller Fehler, voller Sünden, voller Risse war. Es war nicht Trich, was das rote X über mein Leben verhängte; *mein Leben* war ein einziges rotes X, wenn da nicht Jesus wäre. Als Christ bekannte ich mich doch dazu, dass ich aus mir selbst heraus unfähig war, Gott zu erreichen. Denn letzten Endes heißt Christ sein anzuerkennen – und zu akzeptieren –, dass wir zutiefst beschädigt sind.

Aber in meinem Alltag dachte ich nicht so. Mein Kopf wusste vieles, aber es rutschte nicht hinunter ins Herz oder in meine Identität. Ja, ich wusste um meine Erlösungsbedürftigkeit und mein Unvermögen, aus eigener Kraft gut und heil zu sein. Aber trotzdem spürte ich diesen kulturellen Druck, jemand zu sein, der eine Identität aufrechtzuerhalten hatte, der vor der Welt sein Gesicht wahrt. Ich hatte mich von dem Gedanken gelöst, ich könne mich selbst heilen; aber ich wollte immer noch schön sein. Wer will das nicht?

Ich musste also noch immer Gesicht zeigen: ein Gesicht, besser: eine Fassade, die ich der Welt präsentierte. Ich meine nicht unbedingt, dass das Gesicht, das die Welt von mir sah, falsch oder unaufrichtig war – es war nur so, dass ich wusste: Die Seite von mir, die ich meinen Professoren oder dem Barista oder der Bedienung in der Mensa zeigte, war nicht alles von mir.

So wie an einem alten Gebäude die Fassade das Einzige sein kann, das mit Schnitzereien oder schönen Ornamenten verziert ist, so war meine Fassade die Seite von mir, die ich ganz bewusst zur Schau stellte. Ich konnte meine Professoren ja nicht in meine intimsten Probleme einweihen – es wäre erstens völlig unangebracht und zweitens nicht hilfreich gewesen. Die Bedienung in der Mensa musste nicht wissen – und wollte es vermutlich auch nicht –, welche persönlichen Kämpfe ich gerade auszufechten hatte. Wir haben alle Bereiche in unserem Leben, in denen eine Fassade dringend nötig ist. Wir können nicht jedem x-Beliebigen unser Herz ausschütten. Und ich hatte tatsächlich ein Gesicht, das ich der Welt präsentierte. Ob mit oder ohne Augen-Make-up, mit oder ohne falsche Wimpern, mit einem Lächeln oder ohne, es war das einzige Gesicht, das ich hatte, und ich wollte, dass es schön war.

Ich wusste nicht, wie ich das, was mein Kopf wusste (dass ich ein sündhafter, unheiler Mensch bin und Jesus nötig habe), mit meinen Gefühlen und meinem Wunsch, mich ganz und heil zu fühlen und schön zu sein, in Einklang bringen sollte.

Ich frage mich oft, wie die blutende Frau sich selbst gesehen hat. Sie war ja nicht immer die blutende Frau gewesen. In den ersten Lebensjahren, vermutlich mehr als ein Jahrzehnt lang, hatte sie nicht geblutet. Dann hatte irgendwann die Blutung begonnen und nicht mehr aufgehört. Ich stelle mir vor, dass sie in der ersten Woche, den ersten zehn Tagen, selbst im ersten Monat damit gerechnet hat, dass das Bluten aufhören würde, dass sie zu einem normalen Leben zurückkehren konnte. Vielleicht hat sie die Hoffnung auch im ersten Jahr noch nicht aufgegeben. Aber zwölf Jahre später hat sie sich sicher nur noch als die Blutende gesehen. Inzwischen war das Blut für sie vielleicht normaler geworden als die eigentliche Normalität. Ich stelle mir vor, wie sie nachts im Dunkeln dalag und grübelte, während ihr Körper sich zu erholen suchte. Vielleicht hat sie in solchen Stunden, nachts, im Dunkeln, versucht, sich zu erinnern, wie ihr Leben war, bevor das Blut kam. War sie jemals eine andere gewesen?

Das Markusevangelium enthält nur wenige Zeilen über die medizinische Geschichte dieser Frau: „Unter den Leuten war auch eine Frau, die seit zwölf Jahren an schweren Blutungen litt. Sie war bei vielen Ärzten in Behandlung gewesen und hatte dabei viel gelitten und ihr gesamtes Vermögen ausgegeben, aber es hatte nichts genützt; im Gegenteil, ihr Leiden war nur noch schlimmer geworden" (Markus 5,25-26; NGÜ). Sie litt unter diesen unheilbaren Blutungen und jeder Arzt, den sie aufsuchte, machte es nur noch schlimmer. Ein Bibelwissenschaftler schreibt, dass die Ärzte „gepfuscht" haben und dass „all diese Jahre menschlicher Bemühungen nicht nur keine Hilfe brachten", sondern „das Leiden der Patientin noch verstärkten."[6] Wie ein Tumor, der der Chemotherapie widersteht, wie ein gebrochener Knochen, der sich nicht gerade richten lässt, so weigerte sich ihr Körper, das Blut versiegen zu lassen. Die Ärzte verschrieben ihr die Arzneien, die sie kannten: Wein mit Alaun und danach Zwiebeln und Safran.[7]

Als das nichts half, bot man ihr vermutlich alternative Therapien an. Oder man sagte ihr, sie solle sich nicht so viel mit ihrem Leiden beschäftigen, dann würde es sich bessern. Sie müsse einfach an Heilung glauben. Vielleicht rieten die Priester ihr, mehr zu opfern oder intensiver zu beten. Aber nichts half. Und so blieb sie eine Ausgestoßene, jedenfalls nach religiösen Maßstäben. Gemäß dem Gesetz war sie unrein, vom religiösen Leben ausgeschlossen und unwürdig, einen Gottesdienst zu besuchen, der Jahwe galt – dem Gott, dessen Namen man nicht aussprach, dem Gott, der nichts Unreines in seiner Nähe duldete.[8] Und sie *war* unrein. Ständig, ohne Unterbrechung, seit zwölf Jahren.

Ein Ausleger schreibt, dass sie „verzweifelt gewesen sein

muss wegen ihrer Einsamkeit und ihres Zustands"[9]. Stellen wir uns das vor: ein Leben ohne Umarmungen. Ein Leben ohne Berührung. Ein Leben ohne Feste. Das Leben einer Ausgestoßenen – selbst vom eigenen Volk.

Sehnsucht nach Normalität

Ich war so etwas wie eine Expertin im Auflegen falscher Wimpern geworden. Bis zu meinem Studium hatte ich den größten Teil eines Jahrzehnts damit verbracht, diese Kunst zu perfektionieren. Ich trug sie nicht immer, aber auf jeden Fall an den Tagen, an denen ich mich besonders unsicher oder besonders hässlich fühlte. Das half nicht viel, um mich schöner zu fühlen, aber die künstlichen Wimpern verbargen die kahlen Stellen besser als alles andere.

Als ich noch im Erstsemesterwohnheim wohnte, beschlossen ein paar Freunde und ich, eine „Goldene Zwanziger"-Party zu feiern, inklusive Trip nach Chicago, was nur eine kurze Zugfahrt bedeutete. Die Jungs durchstöberten die Läden nach Knickerbockern und Jacketts mit gepolsterten Schultern, die Mädchen hielten Ausschau nach Pailletten- oder Rüschenkleidern. Ich verließ den Laden mit einem knielangen blauen Kleid, das mit kiloweise Pailletten verziert war und Schulterpolster hatte, die ich herausschneiden musste.

Auf der Rückfahrt von unserem Einkaufsbummel kam eins der Mädchen auf die Idee, wir sollten uns alle für diesen Abend künstliche Wimpern kaufen. Mein Magen verkrampfte sich.

Wir fuhren zum nächsten Drogeriemarkt. Während die anderen das Regal mit künstlichen Wimpern suchten, tat ich so, als würde ich mich nicht auskennen. Ich wusste natürlich längst, wo es war: in der linken Ecke hinten, neben den Maniküreprodukten.

Angesichts des Wimpernsortiments brachen meine Freundinnen in Begeisterungsrufe aus und suchten nach den längsten, dramatischsten Wimpern, die sie finden konnten. Ich tat so, als wäre mir das alles neu, und ließ mir Zeit, bis ich mich für ein Paar langer, federleichter Wimpern entschied. Aber eigentlich wollte ich nur weg von hier. Was, wenn jemand vielleicht doch einen zu intensiven Blick auf meine Wimpern warf? Würden sie erkennen, dass die bereits falsch waren? Glücklicherweise stellte niemand irgendwelche Fragen. Ich legte die Wimpern aufs Kassenband und seufzte, dann zahlte ich die Summe, die ich auswendig wusste: 5,54 Dollar.

Zurück im Wohnheim zogen wir alle die neuen Kleider an und versammelten uns dann vor dem Spiegel im Waschraum, um die Glamour-Wimpern aufzulegen. Ich hatte meine künstlichen schon abgenommen, weil ich ahnte, dass die Mädels aus dem Wimpernanlegen ein Gemeinschaftsevent machen wollten.

Nachdem ich mir einen Platz vor dem Spiegel erkämpft hatte, nahm ich die falschen Wimpern aus dem Kästchen und ging vor, wie ich es gewohnt war: Klebstoff in die eine und Wimpern in die andere Hand.

Melissa sah mich fragend an. „Ann, du siehst aus, als hättest du Übung darin."

Ich warf Jess einen Blick zu. Sie lächelte mir zu und hob die Augenbrauen, gespannt, was ich antworten würde.

Ich zuckte die Achseln und merkte, dass meine routinierten Bewegungen mich verraten hatten. „Ich hab schon mal welche getragen."

Jess mischte sich ein. „Zeig mal deine, Mel. Meine sind echt lang – und viel zu groß!"

Melissa wandte sich wieder ihren Wimpern zu. „Hier, meine haben kleine Schmucksteine an den Enden. Die funkeln richtig!"

Ich warf Jess einen Seitenblick und ein kleines Grinsen zu als Dank, dass sie Melissa abgelenkt hatte. Nach einem tiefen Durchatmen machte ich mir noch ein wenig am Klebstoff zu schaffen und half dann den anderen, die nicht so gut zurechtkamen.

Ich wollte nichts davon erzählen, dass ich schon jahrelang falsche Wimpern trug, um zu verbergen, was ich mir selbst antat. Stattdessen lenkte ich das Gespräch darauf, welche Schuhe ich zu meinem neuen Kleid tragen würde.

An diesem Abend amüsierten wir uns prächtig. Wir gingen essen, redeten in gestelzten Worten und machten in den Straßen von Chicago ein paar Fotos von uns. Vermutlich sahen wir aus wie eine Theatertruppe, die einen Kneipenbummel macht. Und während wir lachten und redeten und den nächtlichen Fluss betrachteten, wurde mir bewusst, dass ich keine Angst mehr hatte, irgendjemand könnte zu genau auf meine Wimpern schauen. Ich hatte keine Angst mehr, man könne meine falschen Wimpern bemerken. Schließlich trugen alle Mädchen heute falsche Wimpern; niemand würde mich also anstarren, weil ich auch welche trug. Es war ein angenehmes Gefühl. Endlich fühlte ich mich *normal*.

Im Rückblick wird mir jedoch klar: *Normalität* gibt es nur in der Theorie. Niemand ist wirklich normal, beim besten Willen nicht. Mir ist klar, dass mein ständiges gedankliches Kreisen um meine Wimpern vielleicht selbstverliebt, lächerlich oder dämlich wirkt. Es ist ja nicht so, dass ich diese ständige Beschäftigung mit meinen Wimpern gewollt hätte. Der Punkt ist, dass ich mich inzwischen von dem her definierte, was mir fehlte.

Die Vorstellung, die eigene Identität an etwas zu binden, was einem fehlt, mag seltsam erscheinen. Aber jede Frau, die sich keinen Bissen mehr in den Mund steckt, weil ihr die Waage immer noch nicht das erwünschte Körpergewicht anzeigt, wird mich verstehen. Jede Frau, die sehnsuchtsvoll Kindern beim Spielen zusieht, während ihr eigener Schoß ihr ein Baby versagt, wird verstehen. Die Singlefrau, die jedes Mal, wenn wieder eine Freundin heiratet oder begeistert von einer neuen Beziehung redet, einen Stich von Neid und Traurigkeit verspürt, wird verstehen. Egal wie groß oder klein das, was uns fehlt, in den Augen anderer ist – in unserem eigenen Herzen kann der Mangel eine Hauptrolle spielen.

Aus dem Mangel leben

Manche Bibelwissenschaftler vertreten die Ansicht, die blutflüssige Frau sei keine Ausgestoßene gewesen. Unreinheit war etwas, womit die Menschen lebten, sagen sie – man war unrein nach der Menstruation, nach Geschlechtsverkehr oder wenn man einen toten Angehörigen berührt hatte. Außerdem, so die Theorie, könnte man es in der Dorfgemeinschaft dieser Frau, die ja etwas entfernt vom Tempel war, mit dem Einhalten der Gesetze vielleicht nicht so genau genommen haben wie in Orten nahe Jerusalem. Es gehörte zum Alltag, dass man zeitweise unrein war. Vielleicht war sie also gar nicht so sehr sozial stigmatisiert; vielleicht hatte sie ein einigermaßen gutes Sozialleben mit Familie und Freunden. Vielleicht, so wird gesagt, hat ihre Krankheit ihren Lebensradius überhaupt nicht eingeschränkt.

Aber selbst wenn ihre Blutungen ihre Bewegungsfreiheit

nicht drastisch reduziert haben sollten – die Realität war, dass sie immer noch blutete und sehr darunter litt. Warum hätte sie sonst ihr ganzes Vermögen ausgegeben, um geheilt zu werden? Vielleicht machte es anderen ja nichts aus, dass sie blutete. Aber ihr machte es etwas aus. Sie wollte gesund sein.

Noch so viele historische Forschungen können uns keinen Einblick geben, wie die blutende Frau sich in ihrer eigenen Haut gefühlt hat oder was es für sie bedeutet hat, sich als die Blutende zu definieren. Denn wenn man sich erst einmal selbst als Ausgestoßene sieht, als jemand, der nicht ist wie die anderen, dann muss die Stigmatisierung gar nicht von außen kommen. Man trägt sie in sich, in den eigenen Gedanken, in den Tiefenschichten der eigenen Person. Und deswegen wird man alles tun, um wieder normal zu sein. Vielleicht stört das, was mir fehlt, niemanden sonst auf der Welt. Aber mir ist es unendlich wichtig.

Wir sehen uns alle durch eine bestimmte Brille, ob die nun gut oder schlecht ist. Ich sah mich nur noch durch die Trich-Brille. Vielleicht sehen Sie sich auch durch die Brille eines Scheiterns – dass Sie nicht intelligent genug, nicht reich genug, nicht gut genug, nicht glücklich genug, nicht unterhaltsam genug, nicht _____ genug sind.

Wenn wir uns nur noch danach definieren, was uns fehlt, verrennen wir uns. Wir verzehren uns danach, was wir vermissen, es wird uns wichtiger als alles andere. Wir spielen Gedankenspiele: *Was würde ich dafür geben, einen besseren Job zu finden? Was für eine schlankere Taille? Wie viel wäre mir finanzielle Sicherheit wert? Ein hübscheres Gesicht? Ein Ehepartner? Ein schönes Haus? Eine glückliche Ehe? Ein größeres Publikum? Ein leichteres Leben? Was würde ich geben, um* _____*?*

Früher war es mir unverständlich, dass Esau sein Erstgeburtsrecht gegen nichts weiter als ein Linsengericht eingetauscht hat (s. 1 Mose 25,29-34). Heute urteile ich nicht mehr so hart. Wenn wir Heißhunger nach dieser einen Sache, die wir uns zutiefst wünschen, in uns spüren, sind wir alle versucht, absurde Preise zu zahlen, um es zu bekommen. Wir sind überzeugt: Wenn wir nur hätten, was wir so schmerzlich vermissen, dann würde das unser Leben von Grund auf verändern.

Ein Geständnis

Michael und ich lernten uns im College kennen und verliebten uns auf den ersten Blick. Plötzlich, rettungslos, wunderbar. Ich weiß, nicht jeder erlebt das so, aber innerhalb von drei Wochen wusste ich, dass er der Mann meines Lebens war. Und nach ein paar Monaten, als wir anfingen, von Heiraten zu reden und für unsere Ehe zu beten und unsere gemeinsame Zukunft zu planen, wusste ich noch etwas.

Ich musste es ihm sagen.

Ich hatte entsetzliche Angst. Michael hatte mir noch nie Anlass gegeben, ihm zu misstrauen. Er hatte mir oft gesagt, wie schön ich sei. Aber ich fürchtete, ihn zu enttäuschen. Wenn ich ihm mein ungeschminktes Gesicht zeigte, was würde er sehen? Kahle Stellen in den Augenbrauen, ein paar vereinzelte Wimpern. Würde er mich dann auch noch schön finden?

Irgendwann nahm ich all meinen Mut zusammen. Ich begann das Gespräch damit, dass ich Michael die Krankheit erklärte. Was sie bedeutete und dass ich sie etwa zehn Jahre, bevor wir uns kennengelernt hatten, bekommen hatte. Er hörte mir zu, nickte an den richtigen Stellen und wirkte vollkommen unbeeindruckt. „Ann, das tut mir so leid. Es tut mir so leid, dass es dir so viel Kummer macht." Er fand all die Worte, die ich in diesem Moment brauchte. Aber er hatte mich noch nicht ohne Augen-Make-up gesehen.

Ein paar Wochen nachdem ich Michael von meiner Trichotillomanie erzählt hatte, beschloss ich, mich ihm ungeschminkt zu zeigen. Wir waren für ein langes Wochenende zu meiner Familie nach Hause gefahren. Dorthin, wo ich die längste Zeit mit Trich verbracht hatte. Zu Hause angekommen, schminkte ich mich ab und starrte zehn Minuten lang in den Spiegel. Ich versuchte zu sehen, was Michael sehen würde, wenn ich ihm meine kahlen Augen zeigte. Dann ging ich ins Wohnzimmer, wo er las. Ich fühlte mich schrecklich.

Michael lag der Länge nach auf dem Teppich, in drei Richtungen ausgestreckt wie ein elegantes Y, und sah von seinen Büchern hoch. Er lächelte mich an und das Lächeln verschwand auch nicht, als ich näher kam. Als ich mich im Schneidersitz vor ihn auf den Teppich setzte, blickte er mich unverwandt an.

„Das bin ich ohne Augen-Make-up."

Er legte den Kopf schräg und lächelte ein wenig ratlos. „Du siehst aus wie immer."

„Nein, tue ich nicht", sagte ich überzeugt.

Dann holte ich tief Luft und ging in Liegestützposition, sodass meine Augen auf einer Höhe mit seinen waren.

„So sehen meine Wimpern aus. Ohne Schminke." Ich schloss die Augen. Ich wusste, wenn er von oben draufschaute, würde er die kahlen Flecken zwischen den einzelnen Härchen deutlich sehen. Meine Ohren glühten.

„Oh", sagte er ganz ruhig. „Ja, jetzt sehe ich es." Er fuhr mit dem Daumen über meine linke Augenbraue. Ich öffnete die Augen.

„Ann, du bist genauso schön wie immer." Er sah mich an, offen und direkt. „Ich liebe dich. Es spielt für mich keine Rolle."

Etwas wollte mir die Kehle zuschnüren. „Meinst du … das ganz ernst?", brachte ich flüsternd hervor.

„Ann, ich liebe *dich*. Diese Krankheit macht dich doch nicht aus." Er legte mir die Hand an die Wange. „Ich werde tun, was ich kann, um dir zu helfen. Aber für unsere Beziehung ändert das nicht das Geringste."

Ich senkte meinen Kopf auf den Teppich und ließ zu, dass seine Fadenschlaufen kleine Muster in meine Haut drückten. Ich atmete tief durch und weinte.

„Danke, Michael."

Neue Augen gesucht

Meine Eltern, meine Schwester, Jess, Michael – die Menschen, die mich kannten und liebten und meine Krankheit verstanden –, diese Menschen sahen mich nicht durch die Brille Trichotillomanie. Aber ich sah mich selbst noch immer als Haarausreißerin. Ich sah meine Schwachheit, das Kaputte in mir, als Hauptkriterium dafür, wer ich war. Ich maß meine Tage daran, wie es mir im Blick auf die Krankheit ging. Hatte ich viel gezupft? Oder nur ein paar Härchen? Hatte ich dagegen angekämpft? Oder nachgegeben? Einige der heftigsten Niederlagen in meinem ganzen Leben ereigneten sich in der Collegebibliothek, wo ich – statt mich auf meine Bücher zu konzentrieren – mir eine Wimper nach der anderen ausriss. Ich war so vollkommen darauf ausgerichtet, was ich mit meinem Körper anstellte, dass ich Mühe hatte, irgendetwas anderes in mir zu sehen als einen kaputten Menschen.

Eigentlich hätte mich dieser Mangel an Heilsein, meine Unfähigkeit, aus eigener Kraft aus dem Teufelskreis auszusteigen, nicht überraschen sollen. Denn mein Theologieseminar und andere Bibelkurse sagten es mir doch immer wieder: Wenn es etwas gibt, das Christen ausmacht, dann dass wir Leute sind, die sich eingestanden haben, dass sie aus eigener Kraft nicht heil und gesund sein können. Tatsächlich erklären wir das an jedem neuen Tag: *Ich bin aus mir selbst heraus nicht genug. Nur in Christus kann ich genügen.*

Aber diese Wirklichkeit nicht nur im Kopf, sondern auch mit dem Herzen zu begreifen, fiel mir weiterhin schwer. Wie schwach ich war, wusste ich aus Erfahrung, und mein Verstand sagte mir, dass ich mich sogar meiner Schwachheit rühmen konnte. Trotzdem hasste ich das *Gefühl,* nicht in Ordnung zu sein. Ich glaube nicht, dass ich die Einzige bin, der es so geht – wir haben alle tief in uns eine Sehnsucht danach, umfassend heil zu sein. Und irgendwo sitzt immer ein Schmerz. Auf dieser Erde wird es wahrscheinlich auch nie anders sein.

Die Sehnsucht, von der C. S. Lewis schreibt: „Wir wollen uns mit der Schönheit, die wir sehen, vereinigen, in sie eindringen, sie in uns aufnehmen, in ihr baden, Teil von ihr werden"[10] – diese Sehnsucht lebt in so vielen Menschen. Es ist nicht einfach eine Sehnsucht nach äußerer Schönheit, obwohl wir auch danach verlangen. Es ist die Sehnsucht, im umfassenden Sinn des Wortes schön zu sein. Wir verzehren uns danach, dass das, was uns im Tiefsten ausmacht, Schönheit und Vollkommenheit ist – nicht Schwachheit.

Das ist die Spannung des Glaubens: Christus hat uns Erlösung und Auferstehung versprochen und in ihm finden wir alles Heil, das es gibt. Aber noch leben wir nicht völlig in dieser Wirklichkeit. Wir spüren unsere Schwachheit schmerzlich. Und die meisten von uns hassen diese Schwächen. Ja, manche fokussieren sich darauf. Und wenn wir anfangen zuzulassen, dass unsere Schwächen definieren, wer wir sind – dass sie uns benennen, kennzeichnen, brandmarken, unseren Wert und unsere Würde untergraben –, dann gehen wir den Lügen des Feindes auf den Leim. Wenn wir auf diese Lügen hören, lassen wir zu, dass unsere Identität durch etwas anderes bestimmt wird als durch Christus.

Der Apostel Paulus – dem ich mich im Leiden und in der Brüchigkeit des Lebens verbunden fühle – schreibt der Gemeinde in Kolossä etwas zum Thema Identität. Er erläutert ihnen, wer sie sind, wo sie ihre wahre Identität finden:

> Ja, Gott hat euch zusammen mit Christus lebendig gemacht. Ihr wart nämlich tot – tot aufgrund eurer Verfehlungen und wegen eures unbeschnittenen, sündigen Wesens. Doch Gott hat uns alle unsere Verfehlungen vergeben. Den Schuldschein, der auf unseren Namen ausgestellt war und dessen Inhalt uns anklagte, weil wir die Forderungen des Gesetzes nicht erfüllt hatten, hat er für nicht mehr gültig erklärt. Er hat ihn ans Kreuz genagelt und damit für immer beseitigt. Und die gottfeindlichen Mächte und Gewalten hat er entwaffnet und ihre Ohnmacht vor aller Welt zur Schau gestellt; durch Christus hat er einen triumphalen Sieg über sie errungen.
>
> Kolosser 2,13-15 (NGÜ)

Paulus erinnert uns daran, dass unsere Schulden und Übertretungen, diese allgegenwärtigen Sünden und Schwächen, durch Jesus ans Kreuz genagelt wurden. Jetzt haben wir eine neue Identität. Gott sieht uns nicht mehr als sündig und kaputt. Weil Jesus unsere Schande, unsere Sünde und unsere Brüchigkeit auf sich genommen hat, können wir unsere wahre Identität in ihm finden.

Im nächsten Kapitel seines Briefes führt Paulus diesen Gedanken weiter:

> Da ihr nun also zusammen mit Christus auferweckt worden seid, sollt ihr euch ganz auf die himmlische Welt ausrichten, in der Christus auf dem Ehrenplatz an Gottes rechter Seite sitzt. Richtet eure Gedanken auf das, was im Himmel ist, nicht auf das, was zur irdischen Welt gehört. Denn ihr seid dieser Welt gegenüber gestorben, und euer neues Leben ist ein Leben mit Christus in der Gegenwart Gottes.
>
> Kolosser 3,1-3 (NGÜ)

In Christus sind wir neu geschaffen. Unser altes Ich ist gestorben (s. Römer 6,6 und 2. Korinther 5,17) und jetzt ist unser wahres Leben in Jesus verborgen. Unser wahres Leben – unser *wahrstes* Leben, unsere eigentliche Identität – finden wir in Christus. Mir leuchtet ein, dass Paulus diese Worte über unsere wahre Identität mit der Aufforderung verbindet, wir sollen uns „ganz auf die himmlische Welt ausrichten". Denn es ist so leicht, uns von der Welt, unserer menschlichen Natur oder dem Feind sagen zu lassen, wer wir wirklich sind.

Aber die Wahrheit ist diese: Jesus hat uns unseren eigentlichen Namen und unsere wahre Identität gegeben.

Wir sind seine geliebten Menschen. *Wir sind geliebt.*

Er benennt mich nicht nach meiner Schwachheit, meiner Sünde, meiner Brüchigkeit. Und er benennt Sie nicht nach Ihrer Schwachheit, Ihrer Sünde, Ihrer Brüchigkeit. Nein, er benennt uns nach dem, was er für uns getan hat. Er benennt uns danach, wie er uns sieht und wie er uns kennt. Er nennt uns sein „Meisterstück" (s. Epheser 2,10; NeÜ), er nennt uns seine Kinder (Johannes 1,12), er nennt uns Freunde (Johannes 15,15). Er sagt, wir sind angenommen (Römer 15,7).

Die Wahrheit, die für meine Collegezeit gilt, lautet: In Gottes Augen hat nicht die Trichotillomanie bestimmt, wer ich für ihn bin. Und wenn es sich für mich tausendmal so anfühlte, aber die Krankheit hat schon damals nicht meine ganze Identität ausgemacht. Und die Schwachheit und die Sünden, mit denen ich noch heute kämpfe, definieren nicht, wer ich bin, und bestimmen nicht meine Identität.

Wenn Gott mich ansieht, sieht er nicht das, was mich kaputt macht. Wenn er mich ansieht, sieht er ein Kind, das geliebt, angenommen und erlöst ist.

Ich wünschte, ich könnte noch einmal in meine Collegezeit zurückkehren und die Ann, die vor dem Spiegel stand und ihre Wimpern betrachtete, die sie selbst mit eigenen Händen ruiniert hatte, in den Arm nehmen. Die Ann, die glaubte, dass sie nichts anderes sei als eine Wimpernausreißerin. Die Ann, die sich nach dem definierte, was ihr fehlte – Wimpern, Selbstbeherrschung, die Macht, sich selbst zu heilen. Ich würde ihr sagen: *Gott sieht dich mit Augen voller Mitgefühl. Er sieht, was er dir bereits geschenkt hat: einen neuen Namen, eine neue Identität.*

Ich würde meinem jüngeren Ich raten, Gott weiter um Heilung zu bitten. Aber ich würde der jüngeren Ann auch raten, mehr zu erbitten: *Bitte ihn um geistliche Augen – Augen, durch die du dich nicht nur in deiner Schwachheit siehst und danach definierst, sondern vielmehr in seiner Liebe und Kraft.*

Wenn ich mich als College-Mädchen noch einmal treffen könnte, würde ich das Gebet für mein junges Ich sprechen, das Paulus für die Gemeinde in Ephesus betet:

Darum höre ich nicht auf, für euch zu danken, wenn ich in meinen Gebeten an euch denke; denn ich habe von eurem

Glauben an Jesus, den Herrn, und von eurer Liebe zu allen Heiligen gehört. Der Gott Jesu Christi, unseres Herrn, der Vater der Herrlichkeit, gebe euch den Geist der Weisheit und Offenbarung, damit ihr ihn erkennt.

Er erleuchte die Augen eures Herzens, damit ihr versteht, zu welcher Hoffnung ihr durch ihn berufen seid, welchen Reichtum die Herrlichkeit seines Erbes den Heiligen schenkt und wie überragend groß seine Macht sich an uns, den Gläubigen, erweist durch das Wirken seiner Kraft und Stärke.

Er hat sie an Christus erwiesen, den er von den Toten auferweckt und im Himmel auf den Platz zu seiner Rechten erhoben hat, hoch über alle Fürsten und Gewalten, Mächte und Herrschaften und über jeden Namen, der nicht nur in dieser Welt, sondern auch in der zukünftigen genannt wird. Alles hat er ihm zu Füßen gelegt und ihn, der als Haupt alles überragt, über die Kirche gesetzt. Sie ist sein Leib und wird von ihm erfüllt, der das All ganz und gar beherrscht.

Epheser 1,15-23 (EÜ)

Paulus hat um „erleuchtete Augen des Herzens" gebetet und das verstehe ich auf Anhieb. In meiner Collegezeit war es so, dass meine Augen und mein Herz gern mal miteinander in Konflikt gerieten. Was ich brauchte, war ein anderer Blick für mich selbst, eine völlige Veränderung meiner Perspektive. Diese Veränderung geschah nicht über Nacht. Aber wenn ich heute zurückschaue, kann ich erkennen, dass Gott dabei war, die Augen meines Herzens zu verwandeln, damit ich mich nicht mehr von dem bestimmen ließ, was mir fehlte, sondern von dem, der mich liebt: Jesus allein.

Damals hat er begonnen, mir neue Augen zu schenken. In jeder Hinsicht.

5

Vorgeschmack auf mehr

An den Stellen in Sarahs Seele, die noch nicht völlig vom Kummer verdunkelt waren, flackerte die Hoffnung noch manchmal auf – selten, schwach. Sie regte sich, wenn wieder ein Arzt oder eine Hebamme eine neue Methode empfohlen hatten, wie man den Blutfluss stillen könnte; sie wuchs, wenn ungebetene Träume von einer Zukunft mit Ehemann und eigener Familie vor Sarahs innerem Auge aufblitzten. Aber in jüngster Zeit regte die Hoffnung sich immer seltener.

Zwölf Jahre war es her, dass die Blutung begonnen hatte, und jetzt, mit sechsundzwanzig, wusste Sarah, dass sie wenig Grund hatte weiterzuhoffen. Sie grübelte unermüdlich darüber nach, womit sie ihr Leid verursacht haben könnte. Hatte sie schon in ihrer Kindheit einen schlimmen Fehler begangen? Aber falls sie Gott tatsächlich so beleidigt hatte, dass er ihr ein solches Schicksal zumutete, so hatte sie es gewiss nicht absichtlich getan. Was immer der Grund sein mochte, Tatsache war: Fast alles, was sie sich je erhofft hatte, war ihr genommen worden.

Doch eine Gunst war ihr noch geblieben, für die sie dankbar war: Lydia.

Wie viele andere war Lydia schon Sarahs Freundin gewesen, bevor die Blutung begonnen hatte. Aber anders als alle anderen blieb Lydia Sarahs Freundin, als die Sache mit dem Blut bekannt wurde. Sie erklärte, es sei ihr egal, was alle anderen dachten, und Sarah solle es auch egal sein. Selbst als Lydia heiratete und Kinder bekam, brachte sie die Kinder mit, wenn sie Sarah besuchte, damit sie mit ihnen spielte, sie in den Armen hielt und ihnen vorsang. Sarah wusste nicht, ob Lydia ihrem Mann erzählte, dass sie das Haus einer Unreinen betrat; und sie fragte auch nicht.

An einem sonnigen Dienstagnachmittag tauchte Lydia auf, unangekündigt wie immer. Sarah sah gleich, dass sie müde war. Drei Kinder in sechs Jahren – das ließ ihr nur wenig Schlaf. Und so hielt Lydia Sarah den kleinen Malachias, ihren drei Monate alten Sohn, entgegen, kaum dass sie ins Haus getreten war.

Sarah schüttelte den Kopf. „Ich will nicht, dass sich mein Fluch auf ihn überträgt."

Lydias Augen verengten sich, das dunkle Braun ihrer Augen glühte wie glimmende Kohlen. „Sei nicht albern, Sarah. Du kannst meinen Kindern keinen Fluch weitergeben, weil kein Fluch auf dir liegt."

„Was liegt dann auf mir?" Die Niedergeschlagenheit in Sarahs Stimme war nicht zu überhören.

Lydia milderte ihren Ton. „Eine Last liegt auf dir. Das ist alles." Sie legte Sarah Malachias in die Arme.

Sarah setzte sich das Baby auf die Hüfte und wiegte sich sanft hin und her; so musste sie auch nichts erwidern. Ihre Kehle war wie zugeschnürt, und wenn sie jetzt etwas sagte, würden gleich die Tränen fließen. In den letzten zwölf Jahren hatte sie schon genug Tränen vergossen; sie wollte einfach nicht mehr weinen. Sie war es müde zu weinen. Sie war es müde zu hoffen. Sie war, wie ihr plötzlich bewusst wurde, es müde zu leben.

Leise redete Lydia weiter. „Sarah, es gibt hier einen heiligen Mann. Einen Mann, der Wunder vollbringt. Hast du von ihm gehört?"

Sarah schüttelte den Kopf. Sie strich Malachias übers Haar,

spürte mit allen Sinnen, wie weich es war. Irgendwann einmal hatte sie von einer eigenen Familie geträumt. Eine Träne lief ihr über die Wange; sie konnte es nicht verhindern.

Lydias Stimme wurde eindringlicher. „Er ist ein Heiler, Sarah. Ich habe die Geschichten gehört – Geschichten, die man fast nicht glauben kann. Er hat einen Mann von Dämonen befreit. Er hat – du wirst es nicht glauben – er hat einen Aussätzigen berührt. Und geheilt."

Sarah legte Malachias ihre Hand auf den Kopf. Sie spürte, wie sich die Haare auf ihrem Arm aufstellten. Welcher heilige Mann würde einen Aussätzigen berühren?

„Sie sagen, dieser Rabbi habe sogar einen jungen Mann vom Tod auferweckt. Vom Tod!"

Sarah reichte Lydia ihren Sohn. Ihr war plötzlich schwindelig; so etwas hatte sie noch nie gehört. Konnte das wahr sein?

„Wer ist dieser Mann?" Sie war selbst überrascht, wie zuversichtlich ihre Stimme klang.

„Er heißt Jesus", sagte Lydia. „Jesus aus Nazareth." Ihre Augen blitzten. „Vielleicht kommt er sogar hierher, in unser Dorf."

Ohne dass sie es wollte, spürte Sarah, wie ihr Herz schneller schlug. Es war ein seltsames Gefühl, ungewohnt. Ein Gefühl, das sie fast nicht mehr kannte. Es war eine Spur von Hoffnung.

In meinen beiden letzten College-Jahren war ich geistlich gesehen ein wenig rastlos. Zum ersten Mal hatte ich die Bibel ganz durchgelesen und je mehr ich las, desto unzufriedener wurde ich mit meiner Situation. Ich hatte gelesen, dass Jesus seinen Jüngern seinen Geist gegeben hatte. Ich hatte gelesen, dass Jesus Kranke heilte und Tote ins Leben zurückrief und Brot vermehrte. Und dann las ich auch noch, dass er gesagt hat, dass die, die an ihn glauben, „sogar noch größere Dinge" tun würden (Johannes 14,12). Ich war verwirrt. Meinte Jesus das wörtlich oder im übertragenen Sinn? Wenn ich ihn beim Wort nahm, wie konnte ich dann nicht auf mehr hoffen als auf das, was ich derzeit durchmachte? Auf Heilung? Auf Ganzheit? Ich wollte mehr. Ich wollte Gott mehr kennen.

Was mir einen Vorgeschmack von diesem *Mehr* gab, war die Lektüre der Bücher von Elisabeth Elliot. Sie ist wohl am besten bekannt als Missionarin und Frau des Märtyrers Jim Elliot. Ihr Leben in Südamerika inspirierte mich zutiefst, aber am meisten beeindruckt war ich von ihren Büchern über das christliche Leben. Ich verschlang sie regelrecht und sehr schnell wurde Elisabeth Elliot zu einer meiner Heldinnen. In meinem dritten Collegejahr wohnte ich sogar im selben Studentenheim, in dem sie sechzig Jahre zuvor auch gelebt hatte.

Eines Tages stieg ich – immer zwei Stufen auf einmal nehmend – von meinem Zimmer im ersten Stock in den vierten Stock, das Obergeschoss des alten Gebäudes hinauf, das die Studenten das „Nonnenkloster" oder „das rote Schloss" nannten. Damals war es ein reines Mädchenwohnheim und sah aus wie eine Villa aus roten Ziegeln – daher die Spitznamen. Außer Atem kam ich oben an. Als ich durch die Glastür sah, war ich froh, heraufgekommen zu sein.

Der Raum war leer.

Ich klemmte meine Lektüre, Tagebuch und Bibel unter den Arm und drückte die Klinke herunter. Dieser Raum im Obergeschoss war die Kapelle des Wohnheims. Er war dreimal so groß wie die übrigen Zimmer und mit ein paar Sofas ausgestattet, deren Blumenmuster auf ihre Herkunft aus früheren Generationen hindeuteten. Eine nachgedunkelte Holztruhe voller Bücher stand auf der einen Seite des Raums und durch die hohen, nur mit einem weißen Vorhang versehenen Fenster sah man auf den verschneiten Campus hinunter.

Ich liebte diesen Raum; ich war mir ziemlich sicher, dass auch Elisabeth Elliot viel Zeit in dieser Kapelle verbracht hatte. Ich wollte Gott am selben Ort – und hoffentlich auch auf dieselbe Weise – erleben wie sie. Während die Schneeflocken in diesem Winter meines dritten Studienjahres vom Himmel wirbelten, spürte ich in mir einen Hunger danach, Gott besser kennenzulernen. In meinen grauen Leggins kuschelte ich mich in die geblümten Sofas, streckte die Beine lang aus und sog die Worte der Bibel und die Worte von Elisabeth Elliot nur so auf. Oder ich ging in diesem Raum auf die Knie, stützte die Ellbogen auf ein Sofa und hockte mich auf meine Fersen. Ich bat Gott, mir zu begegnen, mich seine Liebe spüren zu lassen, mir mehr von sich zu zeigen. Ich betete um Heilung. Ich betete darum, dass er mich anrührte.

Elisabeth Elliots Buch *Eine harte Liebe* verschlang ich heißhungrig in großen Portionen. Es war der Versuch, meinen Durst nach Gott zu stillen und zu erfahren, was es hieß, für ihn zu leben. Ihre Worte trafen mich im besten Sinn des Wortes, kleine Widerhaken von Wahrheit setzten sich in meinem Herzen fest und bestimmten mein eigenes Denken:

> Ich erkannte, dass die tiefsten geistlichen Lektionen nicht dadurch gelernt werden, dass Er uns am Ende unsere Wünsche erfüllt, sondern indem Er uns warten lässt und in Liebe und Geduld mit uns ausharrt, bis wir in der Lage sind, aufrichtig zu beten, wie Er seine Jünger zu beten gelehrt hat: Dein Wille geschehe.[11]

Warten. Geistliche Lektionen. Ja. Worauf ich wartete, war immer noch die Heilung von Trichotillomanie. Aber welche geistlichen Lektionen wollte Gott mir inzwischen erteilen? Ich wusste es nicht. Ich suchte in den Büchern von Elisabeth Elliot weiter nach Weisheit und stieß auf einen weiteren Satz, der mich traf – und erschreckte:

> Gott entzieht Seinem Kind niemals das, was Er in Seiner Liebe und Weisheit gut nennt … Gottes Verweigerungen sind immer barmherzig – „harte Gnaden" zuweilen, wie bereits St. Augustinus erkannt hat (Bekenntnisse XI,25), aber eben doch Gnaden.[12]

Mein Verstand konnte die Wahrheit dieser Worte begreifen, wenn ich auch nicht wusste, was ich emotional mit ihnen anfangen sollte. Ich wusste, Gott *konnte* mich von der Trichotillomanie heilen, und ich wusste ebenso, dass er es bisher – in einem ganzen Jahrzehnt, das ich nun schon damit lebte – noch nicht getan hatte. War es eine Gnade, dass er mir die Heilung *nicht* schenkte? *Wirklich?* Es fühlte sich eher an wie ein Fluch.

In meinem Herzen konnte ich es nicht akzeptieren. Denn was gab es Besseres als Heilung? Je mehr ich Jesus auf den Seiten meiner Bibel begegnete, desto mehr sah ich, dass er *immer* heilte, immer Menschen erneuerte. Warum also heilte er mich nicht? Es wäre doch sicher ein Leichtes für ihn, für diesen Gott-Menschen, der Blinden ihr Augenlicht zurückgab und Tote wieder zum Leben erweckte. Was würde es ihn denn schon kosten, mich zu heilen?

Nichts, sagte ich mir. Es würde ihn nichts kosten.

Warum tat er es dann nicht?

Es ergab für mich keinen Sinn. Und weil ich nicht verstand, warum Gott mir die Heilung versagte, schwankte ich zwischen Hoffnung und … etwas anderem.

Ich drohte in den Abgrund zu fallen, es Gott richtig übel zu nehmen.

Bloßgestellt

Auf unserem kleinen Campus hingen oft Plakate, auf denen die Gemeinden der Stadt besondere Veranstaltungen ankündigten. Meist ignorierte ich diese Aushänge, da ich wusste, dass ich weder Zeit noch Kraft haben würde hinzugehen, wenn ich stattdessen lernen oder schlafen konnte (oder am allerliebsten: mit Freunden abhängen). Aber dann kam eine bekannte Referentin zu einer Konferenz und Michael und ich beschlossen, mit ein paar Freunden zu einer der Veranstaltungen zu gehen.

Sie war Missionarin und wir waren gespannt darauf zu hören, was Gott am anderen Ende der Welt tat. Mein Herz war voller Erwartung. Ich hoffte, dass man am Ende für sich beten lassen konnte, und in mir hatte sich allmählich, Stein für Stein, der Wunsch nach Heilung aufgebaut – danach, jemand anderen zu bitten, für mich um Heilung zu beten. Meine Familie betete schon jahrelang dafür, ich betete, Jess und jetzt auch Michael beteten dafür. Aber mein Herz schlug höher in der Hoffnung, dass diese Missionarin vielleicht für mich beten würde – und dass ich durch ihr Gebet von meiner Krankheit befreit werden könnte.

Ehrlich gesagt weiß ich nicht mehr viel davon, was die Rednerin über ihre Arbeit berichtet hat; auch an die Lieder und Gebete erinnere ich mich kaum. Die meiste Zeit schlug mir das Herz bis zum Hals. Ich glaubte, dass Jesus mich heilen konnte; ich hoffte, wenn ich einen Glaubensschritt tat, konnte dies vielleicht der Tag sein, an dem es geschah. Ich sagte weder Michael noch den anderen etwas von meinem Plan. Ich wusste nicht einmal, ob die Rednerin anbieten würde, für andere zu beten, und falls ja, ob ich bei einem so großen Publikum überhaupt an sie herankommen würde.

Aber ich wollte es versuchen.

Und tatsächlich: Nach dem letzten Lied lud die Referentin alle, die für sich beten lassen wollten, ein, nach vorn zu kommen. Sie würde beten – um Errettung, um Hoffnung, um Heilung. Ich rannte förmlich nach vorn, zwängte mich durch Stuhlreihen und Menschenschlangen, um zu ihr zu gelangen.

„Ich habe diese Krankheit – Trichotillomanie – ich muss mir immer die Wimpern ausreißen. Ich kann nicht aufhören. Ich habe es schon zehn Jahre und ich möchte gesund werden", erklärte ich hastig, als ich an der Reihe war.

Die Missionarin sah mich prüfend an. „Haben Ihre Eltern Sie geschlagen oder missbraucht?"

Was? Alarmiert hob ich den Kopf. Das war das Letzte, was ich erwartet hatte. „Nein! Nein, im Gegenteil."

Mit versteinertem Gesicht stand ich vor ihr.

Dann begann sie zu beten, dass der Dämon aus mir ausfahren solle.

„Im Namen Jesu treiben wir diesen bösen Geist aus."

Ich erstarrte.

„Im Namen Jesu, verlass sie und quäle sie nicht mehr. Jesus, befreie diese Frau", betete sie laut und intensiv.

Meine Ohren waren feuerrot und ich schmeckte das Salz der Tränen, die mir über die Wangen liefen – nicht weil ich so vom Geist bewegt war, sondern vor Entsetzen. Ich wusste, dass ich mit Trich zu kämpfen hatte, mit meiner Schwachheit und auch mit Sünde – aber dass jemand glaubte, ich sei von einem Dämon besessen?

Ich war am Boden zerstört.

All meine unausgesprochenen Ängste, was die Leute sagen würden, wenn ich offen über meine Krankheit sprach, bestätigten sich in diesem Moment.

Ihr Gebet war für mich eher ein Fluch als ein Segen.

Jetzt wandte sich die Rednerin schon jemand anderem zu. Ich fühlte mich völlig bloßgestellt, auch wenn niemand gehört hatte, was sie für mich gebetet hatte. Zornig und zitternd machte ich mich davon. Was war da gerade passiert? Mir fehlten die Worte, um es Michael zu erklären, geschweige denn irgendjemandem sonst. Mein Herz schrie nach irgendeinem Halt, an den es sich klammern konnte; ich wusste nicht, was ich denken sollte – über mich selbst, über diese Krankheit, über diese Frau. War ich tatsächlich von einem Dämon besessen? War ich so sehr jenseits jeder Heilungsmöglichkeit, dass ich einen Exorzismus brauchte? Ich fühlte mich wund und verletzt wie in den Klauen eines Raubtiers.

Den Rest der Nacht verbrachte ich schluchzend. War das der Lohn dafür, dass ich Hoffnung gehegt hatte? War das der Lohn für meinen Glauben?

Wenn Hoffnung sich nicht erfüllt

Auch bevor ich die Missionarin um Gebet gebeten hatte, kannte ich die Wahrheit: Gott schenkt nicht in jedem Fall Heilung. Und doch glaubte ich durch mein Bibellesen und meinen wachsenden Hunger nach Gott zuversichtlicher als je zuvor, dass er mich heilen *konnte*. Der Jesus, zu dem ich betete, war derselbe Jesus, der durch die Straßen antiker Städte gegangen war und jeden geheilt hatte, der zu ihm gekommen war, der niemanden krank oder stumm oder elend zurückließ. Wie die blutende Frau hatte auch ich den Glauben, wenn ich ihm nur nahekommen könnte – wenn ich nur seinen Mantel berühren könnte –, würde ich endlich bekommen, worum ich gebetet hatte.

Gleichzeitig wusste ich zutiefst, dass Gott nicht immer so hilft, wie wir es uns vorstellen. Er antwortet nicht immer so, wie wir es uns wünschen; und das ist eine Tatsache, die sich bis heute fast jeden Tag aufs Neue bestätigt. Meine Freundin Allison hat mehr Kinder verloren, als sie geboren hat – sie hatte ein halbes Dutzend Fehlgeburten. Freunde von uns sind seit Jahren mit einer Gemeindegründung beschäftigt und haben jeden Monat finanzielle Sorgen. Ich habe eine Freundin, die unter Morbus Crohn leidet, Bekannte mit Tumorerkrankungen oder mit Angstzuständen, die man sich nicht vorstellen mag. Ich habe gesehen, wie Ehen unter der Last von Schmerz und Sorgen und Verletzungen zerbrochen sind. Und all das geschieht Menschen, die glauben, Menschen, die Jesus kennen und ihn lieben und ihm folgen.

Was mich betrifft: Gott hat mich an diesem Abend nicht geheilt, obwohl ich so fest geglaubt hatte, dass er es tun konnte. Aber er tat es nicht, nicht an diesem Abend und auch nicht während meines restlichen Studiums. Er hat Allisons Babys nicht zur Welt kommen lassen. Er hat unsere Freunde nicht mit ausreichenden Finanzen beschenkt. Er rettet nicht jede Ehe vor dem Scheitern, er garantiert keine Seelenruhe für geängstigte Gemüter. Ich weiß nicht, warum.

Gottes Wege, sagt die Bibel, sind nicht unsere Wege. Seine Gedanken sind nicht unsere Gedanken (Jesaja 55,8). Es ist schwer, mit einem Gott zu ringen, der sich nicht unseren Wünschen beugt, selbst nicht den Wünschen, an denen nichts Falsches ist. Und das liegt nicht daran, dass Gott uns nicht hört. Er ist nicht taub, er ist nicht machtlos (Jesaja 59,1). Keinesfalls. Er ist vielmehr teilnahmsvoll. Unendlich teilnahmsvoll. Er ist überfließende, unerschütterliche, unzerstörbare Liebe. Mein Lieblingspsalm – vielleicht mein Lieblingskapitel in der ganzen Bibel – erklärt, wie Gott ist:

> Barmherzig und gnädig ist der Herr, er gerät nicht schnell in Zorn, sondern ist reich an Gnade.
>
> Psalm 103,8 (NGÜ)

Gott ist gut. *Gut.* Er ist kein Schwindler und er ist nicht bösartig (s. Matthäus 7,7-11). Er hält die Welt in den Händen und er ist für uns, nicht gegen uns (s. Römer 8,31).

Aber manchmal lassen sich Wahrheit und Realität nur schwer in Einklang bringen. Manchmal ist es schwer, all den Schmerz und Kampf und die Kaputtheit in dieser Welt zu sehen und trotzdem darauf zu vertrauen, dass Gott gut ist. In meiner Collegezeit habe ich oft damit gekämpft, was ich doch als Wahrheit festhielt: dass Gott mich auf der Stelle heilen konnte, es aber nicht tat. Also ging mein täglicher Kampf mit der beschämenden Krankheit weiter.

Es gab Tage, an denen ich ihm das übel nahm und an denen mein gekränktes Herz sich einfach über meine Hoffnung, mein sanftes Gemüt, sogar über meinen Glauben hinwegsetzte.

Eines Tages, als meine Enttäuschung mich wieder einmal überwältigte, ging ich in den Gebetsraum im Studentenzentrum. In der kleinen Kapelle war es still. Ich liebte diesen Ort, aber ich hasste die Gefühle, die mich an diesem Tag beherrschten. Ich setzte mich in eine Bank und warf mit kräftiger Tinte zornige, hastige Worte auf die Seiten meines Tagebuchs. Ich sagte Gott, dass er mir bösartig und kaltherzig und distanziert vorkam, wie jemand, auf den man sich unmöglich einlassen konnte. Zitternd saß ich da, Wimpern über die ganze Buchseite gesät und voller Scham darüber, dass sie nicht mehr da waren, wo sie hingehörten.

Dann schaute ich auf und betrachtete die bunten Glasfenster in der Kapelle. Hinter den Fenstern gab es kein Tageslicht; vielmehr waren sie durch Lampen von außen beleuchtet, da die Kapelle im Innern des Studentenzentrums lag. Eines der Fenster zeigte die Rückkehr des verlorenen Sohns. Der Vater, der den Sohn in die Arme schloss, sah mich direkt an. Die Szene bestand aus roten, violetten und gelben Glasstücken. Ich musste sehr genau hinsehen, um das Bild zu erkennen – die freudige Umarmung des Vaters, die spürbare Erleichterung des Sohnes. Das Fenster links daneben zeigte eine andere Szene: Jesus, der ein Lamm in den Armen trägt. Jesus, der gute Hirte, der, der trägt.

„Ich fühle mich nicht von dir getragen, Jesus. Ich fühle mich nicht umsorgt. Ich fühle mich nicht mal gesehen", sagte ich wütend.

Niemand sonst war in der Kapelle. Das Schweigen umhüllte mich wie ein Mantel.

Die Tränen, die ich wegen meiner Krankheit vergoss, waren nichts Neues, aber hier, in diesem Gebetsraum, fühlten sie sich überraschend frisch an. „Gott, ich werde diese Frage nicht los: Warum? Warum heilst du mich nicht? All die Stunden, in denen ich gebetet und gebettelt habe – und mein Fasten – was hat das alles genützt?"

Die Antwort gab ich mir selbst: „Nichts! Es hat überhaupt

nichts genützt. Mein Tagebuch ist wieder voller Wimpern und es geht mir schlechter denn je."

Mein Blick wanderte zurück zum Vater und seinem verlorenen Sohn. Das Gesicht des Sohnes war nicht zu sehen, es lag an der Brust des Vaters. Die Gesichtszüge des Vaters waren bewusst nur angedeutet, absichtlich unscharf. „Macht es denn einen Unterschied, dass ich dein Kind bin – im Hinblick auf Trich? Bedeutet es überhaupt etwas, dass ich zu dir gehöre, wenn du dieses Gebet nicht erhörst, wenn du dieses Problem nicht löst, für das ich so unermüdlich bete?"

Die Tränen liefen mir über die Wangen, durchnässten mein Tagebuch und ließen meinen Blick verschwimmen. Jetzt weinte ich, allerdings nicht vor Gott. Ich schluchzte *gegen ihn an*, wollte ihn wegstoßen – diesen Gott, der überall und immer da ist. Ich wollte von ihm fortlaufen.

Und so begann ich zu verstehen, wie Menschen verbittern, wie die Saat des Zorns allmählich tiefe Wurzeln in unser Gottvertrauen senkt, die schließlich dazu führen, dass jemand Gott das Vertrauen aufkündigt. Meine eigene kleine Welt war vielleicht unbedeutend, aber es war die einzige Welt, die ich hatte. Wenn Gott darin nicht auftauchte, wenn er nicht mitten in meinem Leben zu finden war, wie sollte ich ihn dann kennenlernen?

Es waren schreckliche, zerbeulte Tage, in denen ich Gott meinen Zorn an den Kopf warf und gegen ihn aufbegehrte. Meine Tagebucheinträge aus dieser Zeit sind bitter, starrsinnig, kaum zu ertragen. Ich bin nicht stolz darauf. Aber die Wahrheit ist: Ich war wütend. Mehr als das.

Ich war zutiefst gekränkt.

Gekränktsein oder Gehorsam

Ich kann nur ahnen, wie die Frau mit dem Blutfluss über Gott gedacht haben mag, nachdem sie, die Unreine, zwölf Jahre lang an keinem Gottesdienst oder religiösen Fest mehr teilgenommen hatte. Sie war auf Dauer aus der religiösen Gemeinschaft ausgeschlossen. Und ich kann mir vorstellen, dass sie dadurch viel Grund hatte, gekränkt zu sein. Historische Quellen bestätigen, dass die Gesetze, die Frauen während der Blutung das Betreten des Tempels verboten, „zur Zeit Jesu sorgfältig beachtet wurden"[13]. Das Gesetz galt – und das bedeutete, dass die blutende Frau von einem Leben als Israelitin ausgeschlossen war.

Dabei hatte sie keine andere Option. Der einzige Weg, den ihr Volk kannte, Jahwe zu begegnen, war durch die Gemeinschaft im Tempel, in der Synagoge, durch die religiösen Zeremonien und Feste. Wie also muss Gott ihr vorgekommen sein? Wie der, der ihr verbot, zu ihm zu beten? Der, dessen Gesetz sie von der Gemeinschaft ausschloss?

Vielleicht war er in ihren Augen schwierig und lieblos.

Vielleicht erschien er ihr fern und hartherzig.

Vielleicht dachte sie, er liebte sie nicht.

Sie hätte sich sehr leicht dafür entscheiden können, auf diesen Gott wütend und beleidigt zu sein. Die Bibel sagt nichts darüber, ob es so war. Wir können nur mutmaßen. Aber ganz sicher wird sie an einen Punkt gekommen sein, an dem sie sich entscheiden musste: dafür, Gott den Rücken zu kehren, oder dafür, ihm weiter zu vertrauen.

Wenn wir Gott bestürmt und gebeten haben, so viel wir nur können, und er trotzdem nichts an unserer Situation ändert, bleibt uns die Wahl: Wir können uns gekränkt abwenden oder uns für den Gehorsam entscheiden.

Gekränktsein ist etwas Schreckliches: Es macht uns zu Richtern über Gott. Wir maßen uns damit an zu bestimmen, was Gott tun, wie er handeln sollte. Und wenn er nicht tut, was er unserer Meinung nach tun sollte – wenn er sich nicht unserem begrenzten Verständnis der Dinge unterwirft –, bringt unser gekränktes Herz uns dazu zu glauben, wir hätten ein Recht, Gott zu verurteilen. Wir gehen mit Gewalt gegen ihn vor, schimpfen mit ihm, sagen ihm, was er alles nicht ist. Wir zeigen mit dem Finger auf ihn und erklären, dass er im Unrecht ist. Wir jammern ihm vor, wie die Welt *wirklich* aussieht. Wir verachten ihn, weil er nicht auf die Weise Gott ist, die wir uns vorstellen.

Sicher, wir sollen ehrlich sein vor Gott. Aber es gibt einen klaren Unterschied zwischen aufrichtiger Ehrlichkeit und feindseliger Ehrlichkeit. Aufrichtige Ehrlichkeit kommt auf den Knien zu Gott. Feindselige Ehrlichkeit zeigt mit dem Finger auf ihn. Und wenn wir unsere Ehrlichkeit in Feindseligkeit umschlagen lassen – wenn wir zu tief gekränkt sind –, dann werden wir Gott die Freundschaft kündigen. Wir werden über ihn richten und beschließen, dass wir ohne ihn auskommen.

Für die Frau mit den Blutungen wäre es sehr leicht gewesen, sich verletzt von Gott abzuwenden. Allein ihre Lebenssituation gab ihr dazu ausreichend Anlass. Sie hätte sich protestierend verabschieden und seinen Namen mit ihrem Zorn und bitteren Worten aus ihrem Herzen auslöschen können. Und vielleicht hat sie das auch getan.

Aber ich glaube es nicht. Ich glaube nicht, dass sie sich fürs Gekränktsein entschieden hat.

Ich glaube, sie hat ihr Herz für Gott offen gehalten. Ich glaube, sie hat weiterhin seine Gebote befolgt. Sie muss Fragen gehabt haben, Zweifel, aber ich glaube, dass sie die Flamme der Hoffnung – wie schwach sie auch gewesen sein mag –

in sich genährt hat. Die Flamme der Hoffnung, dass Gott gut ist und ihre Gebete hört.

Sie hat von ganzem Herzen geglaubt, dass dieser Wanderprediger Jesus sie heilen konnte. Und ich bin überzeugt, dass dieser Glaube eine unbändige Hoffnung und den Mut zur Verletzlichkeit von ihr verlangt hat. Nach all den Ärzten, die ihr nicht helfen konnten, nach all dem vergeblich ausgegebenen Geld immer noch zu hoffen, dass es jemanden geben könnte, der sie heilen kann – das ist die Antwort eines empfindsamen Herzens, das noch nicht hart geworden ist. Wie viel Raum für Glauben und Hoffnung hat sie darin geschaffen, wo alles in ihrem Leben Bitterkeit und Zorn nahegelegt hätte!

Sie hat ihr Herz offen gehalten für die Möglichkeit, dass sie geheilt werden und dass dieser Jesus ihr Heiler sein könnte. Trotz ihrer ungewollten Krankheit, trotz ihrer vergeblichen Versuche, etwas daran zu ändern, hat diese Frau ihr Leben gelebt, ohne Gott die Treue zu kündigen. Sie hat ihre Wahl getroffen: Sie hat sich für den Gehorsam entschieden, nicht für das Gekränktsein.

Die bleibenden Fragen

Auch ich hatte die Wahl: Würde ich Gott gekränkt den Rücken kehren, weil er mich nicht heilte? Weil er meine Gebete nicht erhörte? Weil er zugelassen hatte, dass diese Missionarin mich geistlich attackierte, als ich ein tröstendes Wort, ein hoffnungsvolles Gebet gebraucht hätte? Aus meiner Sicht gab es keinen Grund, warum Gott mich nicht heilte, warum er meinen Kampf nicht in einen Sieg verwandelte. Würde ihm denn nicht alle Ehre dafür zuteilwerden? All die Ärzte und

Therapien und Hilfsmittel hatten mir nicht geholfen; wenn er es tat, würde er daher auch den Ruhm dafür ernten. Würde er sich nicht damit als Gott erweisen, wenn niemand sonst mich heilen konnte?

Warum heilte er mich nicht? *Warum?*

Ich weiß es nicht.

Ich hatte keine Antwort auf die *Warums* in meinem Herzen und in meinem Kopf. Gott schien zu schweigen, wenn es um diese Frage ging.

Was ich aber weiß, ist dies: In seiner Gnade zog Gott mich fort vom Abgrund des Gekränktseins, zurück zu seiner Wahrheit und Freundlichkeit. Und das war sein Geschenk für mich, auch wenn ich das damals nicht als solches erkennen konnte.

Gott warb um mein Herz und er besänftigte meinen Geist. Und das tat er auf zwei Weisen.

Zum einen geschah das durch eine Frau namens Nita, die Frau eines meiner Professoren. Nita war nach meinem ersten Collegejahr meine Mentorin geworden und ihre Freundschaft bedeutet mir bis heute sehr viel. Damals im College trafen wir uns zweimal im Monat und sprachen über meinen Weg mit Jesus, wir lasen gemeinsam in der Bibel und beteten miteinander.

Ich erinnere mich an einen Nachmittag, an dem wir in ihrer kleinen Küche saßen und uns die Hände an Tassen mit Earl Grey wärmten. Von Nita habe ich gelernt, Tee zu trinken – und ihn zu genießen. Immer wenn ich sie besuchte, servierte sie mir Tee in einem erlesenen Teeservice, das in ihrer Vitrine stand. Winzige Lilien säumten den zarten Rand der Teetassen, die aussahen, als hätte man sie in das leichte Blau eines Wintermorgens getaucht.

An jenem Nachmittag musste ich mir etwas von der Seele reden. Ich erinnere mich noch an das Telefon an der Küchenwand. Immer wenn ich Nitas Blick nicht mehr standhalten konnte, begutachtete ich das weiße Kabel, das in einer großen Schlaufe herunterhing. Das, was ich erzählte, war so schmerzhaft und peinlich, dass ich ihr dabei nicht in die Augen sehen konnte.

Ich sagte ihr nicht rundheraus, dass ich Trichotillomanie hatte. Stattdessen redete ich um den heißen Brei herum, erzählte, wie enttäuscht ich von Gott war. Enttäuschung und Verletzung hatten sich in mir wie ein Turm aus Ziegeln aufgebaut. Jedes Mal, wenn Gott mein Gebet nicht so beantwortet hatte wie erwünscht, hatte mein Herz einen weiteren Stein auf den wackeligen Turm geladen. Als ich an jenem Tag mit Nita sprach, konnte mein Herz dem Druck nicht mehr standhalten. Der ganze Turm stürzte in sich zusammen, ich brach am Küchentisch in Tränen aus und meine Fassade und mein wahres Ich vermischten sich zu einem Sturzbach aus Tränen und Verwirrung.

Doch woran ich mich besonders erinnere, ist nicht, was Nita gesagt hat. Es ist das, was sie tat. Sie legte ihre Hand auf meine und dann weinte sie mit mir.

Nita war einfach bei mir, in meiner Enttäuschung und meinem Verletztsein. Sie machte mir keine Vorwürfe, sie korrigierte mich nicht. Sie nahm einfach Anteil. Ihre Hand auf meiner und ihr Schweigen sagten mir, dass es in Ordnung war, solche Gefühle Gott gegenüber zu haben. Sie zwang mich nicht dazu, irgendetwas anderes zu sein als das, was ich war.

Nita hatte immer Taschentücher bei sich; sie holte zwei aus ihrer Tasche und reichte mir eins. Dann tupfte sie sich die Augen mit ihrem Taschentuch und wartete, bis meine Tränen versiegt waren.

Als sie schließlich anfing zu sprechen, klang ihre Stimme wie eine Geige: voller Gefühl, aber auch voll tiefer Überzeugung. „Wir verstehen nicht immer, was Gott tut oder nicht tut. Aber wir können immer sicher sein – *ganz sicher* –, dass er uns liebt."

Sie drückte mir die Hand. Ich erwiderte den Händedruck. Dann stieß ich die Luft aus. Meine Stimme war ruhig. „Es macht das *Nein* aber manchmal noch schlimmer, weil ich nicht verstehe, warum das seine Antwort ist. Es ist schwer, dieses *Nein* mit seiner Liebe zu mir in Einklang zu bringen."

„Das verstehe ich, Ann. Das verstehe ich wirklich." Ich erinnerte mich an die Dinge, die sie mir aus ihrem eigenen Leben erzählt hatte – Verluste, die sie erlitten hatte, Sorgen, die sie belastet hatten. Und ich wusste: Ja, sie verstand. Ihre Augen schimmerten feucht. Sie holte tief Luft, bevor sie weitersprach: „Was kann uns scheiden von der Liebe Gottes in Christus?"

Ich kannte die Bibelstelle aus Römer 8 und schüttelte den Kopf. „Nichts, Nita", flüsterte ich. „Nichts und niemand." *Nicht einmal ein Nein.*

Nitas Freundlichkeit und Ehrlichkeit fielen wie ein Segen auf den Fluch, den der Exorzismus jener Missionarin für mich bedeutet hatte. Und die Wunde begann zu heilen.

Auch vieles andere heilte in mir, indem ich häufig in der Bibel las und Zeit mit Gott verbrachte. Das war die zweite Weise, auf die Gott mein Herz besänftigte. Ich fing wieder an, Gott zu suchen, zu ihm zurückzukommen, und er begegnete mir.

Es war keine magische Zauberformel, die mich vom Abgrund des Gekränktseins zu neuer Liebe zu Jesus zurückbrachte. Es war einfach die tägliche stille Zeit, Bibellesen, Beten und ihm auf den Seiten meines Tagebuchs mein Herz auszuschütten. Das war die tägliche Praxis, die mir zum Rettungsanker wurde. Denn ich machte eine Entdeckung: Wenn ich Zeit mit Christus verbrachte, konnte ich mein Herz nicht vor ihm verschließen. Manchmal schmerzte es, die vielen Geschichten zu lesen, in denen Jesus Menschen heilt, und zu wissen, dass das noch nicht meine Geschichte war. Aber in diesem Schmerz ist Jesus mir begegnet, immer wieder, und ich konnte schließlich akzeptieren, dass ich ihn so nötig brauche. Ich lernte das Geschenk zu schätzen, dass ich ihm gehöre – auch wenn er mir nicht die Antwort gab, die ich wollte.

Einmal war ich am Sonntagnachmittag in die Gebetskapelle gegangen. Ich hatte den Raum für mich, saß schweigend da, dachte nach und redete in Gedanken mit Gott. Nach einer Weile streckte ich mich auf einer Bank aus und starrte an die Decke, während ich Gott die Fragen stellte, die ich im Herzen trug – ohne zu erwarten, dass er antworten würde. Ich und Gott – ich war allein und doch mit ihm verbunden.

Als ich die Augen schloss, hatte ich plötzlich ein inneres Bild vor Augen – ein klares, scharfes Bild. Jesus und ich bestiegen gemeinsam einen roten Berg. Der Fels war glatt und bot nur wenig Halt für Hände und Füße. Es war klar, womit ich kämpfte: Ich war an den Rand meiner Kräfte gekommen und wusste nicht, ob ich noch weiterkonnte. Jesus war dicht vor mir – oder über mir – und wir waren schon fast auf dem Gipfel. Er streckte den Arm aus und zog mich weiter den Weg bis zur Bergkuppe hinauf.

Wir kamen auf eine Lichtung. Ich sah, dass dort ein Kreuz stand. Jesus hing daran, aber er stand auch neben mir.

Der Jesus, der mir geholfen hatte, auf den Berg zu gelangen – der eigentlich das letzte Stück für uns beide zurückgelegt hatte –, setzte sich ein paar Schritte entfernt vom Kreuz neben mich auf den Boden. Wir saßen eng beieinander, das Kinn auf die Knie gestützt. Nicht einmal ein Windstoß konnte zwischen unseren Schultern hindurchwehen. Dann wies Jesus auf das Kreuz, an dem er hing. Der Jesus am Kreuz war blutig, ausgezehrt, sein Brustkorb eingefallen.

Jetzt sagte der Jesus neben mir: „Das habe ich für dich getan, Ann." Dabei sah er mich an und lächelte so strahlend, dass ich zurücklächelte, obwohl das Kreuz ein so schmerzhafter Anblick war. „Ich bin *so froh,* dass ich das für dich tun konnte."

Als ich die Augen wieder öffnete, wusste ich in der Tiefe meiner Seele, dass Jesus mich liebte – wirklich liebte. Ich wusste, dass er mich im Herzen gehabt hatte, als er am Kreuz starb. Ich wusste, dass er mir keinen Vorwurf machte, dass er für mich hatte sterben müssen. Unglaublich.

Im Licht seiner Liebe verblasste der letzte Rest meines Gekränktseins.

Denn das vermag die Liebe: Sie treibt die Furcht aus. Meine Verbitterung, die aus der Angst erwachsen war, ich würde vielleicht nie geheilt werden, hatte mir das Gefühl gegeben, ich sei unnormal und kaputt wegen meiner Krankheit. Aber als ich seine Liebe erkannte und spürte, legte sich diese Angst. Sie verstummte. Sie verschwand.

Es waren kleine, täglich wiederholte Dinge – jede Stunde, die ich in der Kapelle verbrachte, jeder Morgen, den ich mit dem Wort Gottes begann –, in denen mir Gott auf den Seiten der Bibel sein Herz zeigte, in denen ich immer aufs Neue dem begegnete, der sein Leben für mich gegeben hatte. Und ich erlebte seine Gegenwart und seine Liebe nicht nur durch die Worte einer Buchseite, sondern als Hoffnung, die mir direkt ins Herz geschrieben war. Ich entdeckte, vielleicht in dieser Tiefe zum ersten Mal, dass alles, was ich wirklich besaß, Jesus war. Und dass es schrecklicher für mich wäre, mich verbittert von ihm abzuwenden, als weiter mit meiner Krankheit zu leben.

Ich konnte vielleicht keine Heilung bekommen; aber ich konnte Jesus haben.

Er würde mir genügen.

Die Wahl, die wir treffen müssen

Was Gott sich damals im College von mir wünschte – und was er sich jeden Tag von uns wünscht – sind Gehorsam und Vertrauen anstelle von Gekränktsein. Gehorsam versetzt uns in die Lage, im Glauben einen Fuß vor den anderen zu setzen, auch dann wenn wir gerade keine große Zuneigung zu Gott spüren. Es ist der schlichte Akt zu tun, was wir als wahr und richtig erkannt haben, auch wenn unsere Gefühle gerade eine andere Sprache sprechen. Es ist der Entschluss, Ja zu Gott zu sagen, auch wenn wir nicht verstehen, was er tut – oder nicht tut. Letzten Endes geht es darum, in Taten und durch unser Bekenntnis Gott zu vertrauen, auch wenn unser Herz nichts davon spürt.

Die Wahrheit ist: Wir haben einen Erlöser, der uns nicht immer erklärt, was er tut, der es uns nicht immer leicht macht, ihm zu folgen. Es ist schwer, einem König zu dienen, der nicht so entscheidet, wie wir es wünschen. Es ist schwer, einem Herrn zu gehorchen, dessen Wege höher sind als meine Wege, der nicht so denkt wie ich (s. Jesaja 55,8-9). Es bedeutet, dass ich ihn oft nicht verstehe.

Aber ich habe mich entschieden, auch die Worte von Jesus anzunehmen, die ich nur schwer verstehe – dass er „der Weg, die Wahrheit und das Leben" ist (Johannes 14,6), auch wenn er nicht tut, was ich von ihm will, auch wenn er sich nicht durch meine Tränen oder meinen Zorn umstimmen lässt.

Ja, ich war verletzt und enttäuscht und zornig über das, was er nicht für mich tun wollte. Und doch kam ich immer wieder auf eines zurück: Gott ist Gott. Er liebt mich und ich liege ihm am Herzen. Ich habe nie so getan, als wüsste ich, warum er mich nicht heilt. Aber wohin sonst sollte ich gehen (s. Johannes 6,68)?

Er *ist* das Wort des Lebens.

6

Die Scham ist eine Lügnerin

Sarah drehte sich auf ihrer Schlafmatte zur Seite und rollte sich zu einer Kugel zusammen. In der Dunkelheit kamen all die Gedanken wieder, die sie vergessen wollte. In den zwölf Jahren, seit die Blutung begonnen hatte, war so viel passiert. Die Chancen zu heiraten waren gekommen und gegangen, ihr Vater hatte alle Angebote ausgeschlagen. Anfangs hatte er gesagt, er sei noch nicht bereit, sich von seiner Tochter zu trennen. Die Bewerber sollten in einem Jahr noch einmal vorsprechen. Dann wurden zwei Jahre daraus. Schließlich waren die potenziellen Ehemänner ausgeblieben. Bis Sarah achtzehn wurde, galt es im Dorf als unausgesprochene Wahrheit, dass mit ihr etwas nicht stimmte.

Etwas stimmte nicht; Sarah hatte es begriffen, als der Kummer sich im Blick ihrer Mutter festgesetzt hatte wie die Milchigkeit im Blick sehr alter Männer. In ihrem Zustand würde sie nie heiraten können, denn sie war nicht in der Lage, die Ehe zu vollziehen. Und welcher Mann wollte schon eine Frau, die keine Kinder bekommen und ihm keine Lust schenken konnte?

Sarah starrte ins Dunkel. Sie konnte nicht schlafen. Der Gedanke an den heiligen Mann, von dem Lydia gesprochen hatte – dieser Jesus aus Nazareth –, ließ sie nicht los. Die Nacht war still, aber ihr Herz war aufgewühlt und sie wusste, was sie bewegte: Hoffnung.

Das aufflackernde Gefühl war in ihr fast erstorben und sie versuchte, sich dagegen zu wehren, versuchte, es zu vertreiben. Die Gerüchte über diesen Rabbi waren sicher nur die aufgeblähten Geschichten tratschender Frauen. Die Leute machten immer viel Wirbel um einen neuen Propheten, einen neuen Messias. Aber bisher hatten sie sich immer geirrt.

Aber es war etwas an der Art, wie Lydia von ihm gesprochen hatte – die Geschichten, die sie berichtet hatte –, das diesen Jesus aus Nazareth anders erscheinen ließ. Einen Aussätzigen berühren? Das tat niemand, dem sein Leben und sein guter Ruf lieb waren. Und ein Rabbi erst recht nicht.

Sarah streckte sich und drehte sich auf den Rücken. Vielleicht war er wirklich ein Heiler. Ein hoffnungsvoller Schauer lief ihr den Rücken hinab. Wenn ich nur sein Gewand berühren könnte.

Sarah schüttelte den Kopf. Schon der Gedanke daran, den unbekannten Heiler zu berühren, trieb ihr die Schamröte ins Gesicht. In der blauen Wärme der Nacht spürte sie das Kribbeln in ihren Wangen. Sie konnte sich doch nicht einfach einem heiligen Mann nähern, geschweige denn ihn berühren. Sie würde ihn unrein machen.

Aber wenn er nun nicht erfuhr, dass sie ihn berührt hatte? Wenn es niemand erfuhr? Die Hoffnung in ihr ließ sich nicht mehr unterdrücken, sie strömte über und zum ersten Mal seit Jahren wehrte Sarah sie nicht ab. Ohne es bewusst zu wollen, fing sie an, sich einen Plan zurechtzulegen.

Ich mische mich einfach in die Menge hinter ihm. Ich werde Kopf und Gesicht bedecken; niemand wird damit rechnen, dass ich auftauche. So lange war ich nicht mehr in der Öffentlichkeit, vielleicht hat man mich im Dorf ja schon vergessen. *Hoffnung und Schmerz gleichermaßen erfüllten ihr Herz.* Ja, ich werde mich ihm von hinten nähern und den Saum seines Gewandes berühren. Dort sitzt die Kraft, ich weiß. *Jede Geschichte, die sie als Kind auf dem Marktplatz gehört hatte, erzählte von der Kraft in den Saumkanten eines Rabbis.* Ich werde weder den Rabbi noch meine Familie beschämen. Ich werde unsichtbar sein. Und sobald ich seinen Saum berührt habe, werde ich verschwinden.

Und dann wurde Sarah etwas klar: Sie musste es tun, so oder so. Für die Chance, geheilt zu werden, würde sie es riskieren, öffentlich in Schande zu geraten.

Denn wenn sie geheilt würde, hätte all ihr Leid ein Ende. Und wenn sie ertappt und ihre Schande öffentlich würde und sie an gebrochenem Herzen starb – auch dann hätte ihr Leid ein Ende.

Sarah traf ihre Entscheidung. Sie würde den Rabbi finden und den Saum seines Gewands berühren. Das würde sie tun.

Sie musste.

Scham ist der Rucksack, den ich jahrelang mit mir herumgeschleppt habe.

In einer Kultur, die Stärke überbewertet, kann die Erfahrung von Schwäche, Anfälligkeit und Kampf das Herz mit einem schleichenden Gift infizieren – dem Gift der Scham. Und Scham war das Gefühl, das mich seit jenem ersten Tag begleitet hatte, als ich mir mit elf Jahren die erste Wimper ausgerissen hatte. Ich fühlte mich als Versagerin, unfähig, das, was ich am meisten hasste, sein zu lassen. Und ich schämte mich dafür, dass ich anscheinend zu schwach war, diese Krankheit zu besiegen.

Scham scheint eine allgemeine Begleiterscheinung von Trichotillomanie zu sein. Ein Experte schreibt:

[Trichotillomanie] geht einher mit Gefühlen wie Deprimiertheit, Scham, Angst und Ekel … Für Trichotillomanie-Patienten verbindet sich die Scham über das eigene Tun mit dem Glauben, dass andere den erheblichen selbst verursachten Haarverlust bemerken werden … Sehr viel Zeit und Mühe wird meist darauf verwendet, die Auswirkungen des Haareausreißens zu kaschieren oder zu verbergen.[14]

Ich kenne diese Gefühle, diese Entscheidungen. Ich habe Zeit, Geld und Mühe investiert, um die Folgen der Trichotillomanie zu verbergen. Aber was ich auch tat, das Ergebnis war immer dasselbe: Scham.

Versagt

Michael und ich heirateten ein paar Wochen, nachdem ich meinen Collegeabschluss gemacht hatte. Durch Gottes Gnade war die Krankheit gerade nicht sehr akut und ich konnte mir vorstellen, bei meiner Hochzeit nur Wimperntusche aufzutragen. Es fühlte sich an wie ein Sieg, ein Sieg, den nur sehr wenige Menschen wirklich verstanden.

Sechs Monate nach unserer Hochzeit heiratete eine meiner besten Freundinnen aus der Collegezeit in Florida. Ich sollte Trauzeugin sein. Für uns als frisch Verheiratete war das Geld immer knapp. Michael studierte noch und ich hatte ein Graduiertenstudium begonnen, sodass wir es uns nicht leisten konnten, beide zu der Hochzeit zu reisen. Ich würde allein fliegen und mir ein Hotelzimmer mit Jess (die ebenfalls Trauzeugin war) teilen.

In den ersten Monaten meiner Ehe hatte die Trichotillomanie sich erheblich verschlimmert; vielleicht lag es an dem Stress, den mein erster Job und der Beginn des Graduiertenstudiums mit sich brachten. Dazu kamen die Herausforderungen des

Ehelebens und die Realität der regelmäßigen Rechnungen – alles zusammen mehr, als mein Körper und mein Kopf bewältigen konnten. Jedenfalls zupfte ich viel und sah schlimmer aus als je zuvor. Michael war unendlich lieb zu mir und ich weiß, dass er mich wirklich schön fand. Aber ich schauderte bei dem Gedanken, so viele alte Freunde auf der Hochzeit zu treffen, wenn meine Wimpern so katastrophal aussahen.

Etwa zur selben Zeit begannen die Kosmetiksalons mit der Möglichkeit einer dauerhaften Wimpernverlängerung zu werben. Ausgebildete Kosmetikerinnen brachten künstliche Wimpern auf jedes einzelne Wimpernhaar, sodass die Wimpern insgesamt dichter und länger wirkten.

Ich verspürte ein wenig Hoffnung – Hoffnung, dass diese Wimpern mich gut aussehen ließen und vielleicht sogar davon abhalten würden, weiter daran herumzuzupfen. Wenn ich den relativ hohen Preis für die künstlichen Wimpern zahlte, so redete ich mir ein, dann würde ich vielleicht über diese besonders akute Trichotillomaniephase hinwegkommen.

Aber zu diesem Zeitpunkt war der Preis für uns exorbitant. 150 Dollar kostete eine komplette Wimpernverlängerung – eine Summe, von der wir fast einen halben Monat leben konnten. Michael musste dafür fünfzehn Stunden in einem Café arbeiten; es war ein Luxus, den wir uns wirklich nicht leisten konnten. Wir würden dafür auf Ersparnisse zurückgreifen müssen, und das, wo noch nicht mal sicher war, dass die falschen Wimpern den gewünschten Effekt haben würden.

Aber mein Wunsch, dass *irgendetwas* doch funktionieren musste, siegte und ich sprach mit Michael darüber. Ich vereinbarte einen Termin und ein paar Tage, bevor ich nach Florida flog, machte ich mich auf den Weg in den Kosmetiksalon.

Ich war besorgt, dass die Kosmetikerin fragen könnte, warum meine Wimpern so spärlich waren, aber sie schien das gar nicht zu beeindrucken. Ich murmelte etwas in Richtung von „ich hab einfach sehr wenige Wimpern" und sie antwortete, eine ihrer Kundinnen hätte sich mit einem schlechten Wimpernformer fast alle Wimpern ausgerissen. Ich fragte mich, ob diese Kundin auch an Trichotillomanie litt. *Wir erfinden doch alle unsere Geschichten,* dachte ich.

Nach einer Stunde verließ ich den Salon um 150 Dollar ärmer, aber mit einem dichten, dunklen Wimpernkranz. Ich verspürte echte Hoffnung. *Vielleicht,* dachte ich auf der Heimfahrt, *vielleicht ist es das, was mir hilft, mit dem Zupfen aufzuhören und wieder normale Wimpern zu haben.*

Ich bewunderte meine neuen Wimpern im Spiegel, sie waren definitiv nicht sehr kräftig, denn es waren nur wenige echte Wimpern vorhanden gewesen, an denen man die falschen anbringen konnte. Aber sie waren länger und gleichmäßig verteilt und meine Augen sahen normaler aus als seit Monaten. Ich war vorsichtig optimistisch.

Das Gefühl der Hoffnung war neu für mich. Je länger ich mit der Krankheit lebte, umso schwerer war es mir gefallen, noch daran zu glauben, sie könne je enden. Nicht, dass ich es nicht hätte glauben wollen – es war nur einfach so, dass die Hoffnung darauf immer schwerer aufzubringen war. Ich wusste, ich würde ein Wunder brauchen. Ich wusste, dass kein Arzt, kein Medikament, keine Therapie mich heilen konnte. Der einzige Weg, wie es mir besser gehen könnte, war der, dass Jesus selbst mich anrührte. Aber nun hoffte ich, dass die künstlichen Wimpern mir wenigstens helfen würden – wenn sie mich schon nicht heilen konnten. Vielleicht würden sie verhindern, dass es wieder schlimmer wurde.

Ich flog nach Florida. Unterwegs vergoss ich ein paar Tränen, weil ich meinen frisch angetrauten Ehemann vermisste. Aber bei der Landung empfingen mich die strahlende Demnächst-Braut Elsie und Jess, die mir in den letzten sechs Monaten so gefehlt hatte. Unser erster Tag im sonnigen Miami war wundervoll. Wir lagen am Pool im Garten von Elsies Elternhaus und ich trank die Sonne wie Wasser und genoss die Wärme auf meiner Haut, nachdem in Chicago schon der Winter angebrochen war. Bei der Probe für die Trauzeremonie waren Liebe und Freude greifbar und anschließend gab es mehr zu essen, als ich bewältigen konnte – Steak und Hummer und Brot und Kuchen. Wir feierten, brachten Toasts aus; ich lachte beim Abendessen so sehr, dass die Wimperntusche verwischte, die ich zusätzlich aufgelegt hatte.

Es war ein wundervoller Start in das Festwochenende.

Nach der Feier lag ich nachts in meinem Hotelzimmer wach und spielte mit den neuen Wimpern. Sie fühlten sich anders an als die künstlichen Wimpern, die ich sonst getragen hatte. Und schon war ich am Zupfen. Ich riss fünf, dann zehn, dann zwanzig und schließlich dreißig von den teuren Wimpern aus – und mit ihnen auch noch meine echten, auf die sie ja aufgebracht waren. Dann lag ich im Dunkeln und meine Gedanken drehten sich im Kreis.

Ich habe unser Geld verschwendet. So viel Geld – für nichts!

Ich bin eine solche Versagerin! Schon wieder! Ich werde immer eine Versagerin bleiben.

Wie werde ich morgen wohl aussehen? Schlimmer als je zuvor. Das ist genau das, was ich vermeiden wollte. Und genau das ist jetzt passiert.

Die falschen Wimpern helfen also nicht – es wird dadurch nur schlimmer.

Ich schäme mich so, wie ich aussehe. Was tue ich mir da nur an? Ich werde nie frei sein.

Es war fast Mitternacht. Die Gedanken ließen mich nicht los, überwältigten mich. Ich schlüpfte aus dem Bett und griff nach meinem Handy und dem Zimmerschlüssel. Bevor ich die Tür erreicht hatte, wählte ich Michaels Nummer.

Vor unserem Zimmer hockte ich mich im Flur auf den braun-orangenen Teppich und lehnte mich an die Wand. Bevor Michael abnahm, hatte ich mich schon in Tränen aufgelöst.

„Liebling? Alles okay?" Ich hatte ihn geweckt und hörte die Angst in seiner Stimme.

„Ja, alles in Ordnung. Aber ich habe gerade alle künstlichen Wimpern ausgerissen, für die wir so viel Geld bezahlt haben. Es tut mir leid. *Es tut mir so leid!*" Ich schnappte nach Luft. „Ich bin eine solche Versagerin. Eine totale Versagerin. Ich fühle mich furchtbar. Es tut mir leid, Michael." Die Tränen brannten in meinen Augen.

Michael seufzte. „Ich hatte schon Angst, du bist vielleicht verletzt."

„Ich *bin* verletzt! Mit dieser Krankheit bin ich immer verletzt!" Ich versuchte, ein Schluchzen zu unterdrücken.

„Ann, es tut mir wirklich leid." Seine Stimme klang gefasst und ruhig – ganz im Gegenteil zu mir selbst. „Aber es ist okay. Du bist okay. Du bist deshalb keine Versagerin oder ein schlechter Mensch. Mach dir keine Gedanken über das Geld."

Jetzt flossen die Tränen nur umso heftiger. Ich wischte sie mit dem Handrücken fort, damit sie nicht aufs Handy tropften. „Aber es war so teuer – 150 Dollar! Ich dachte, die falschen Wimpern könnten mir helfen! Und jetzt sehe ich schlimmer aus als vorher. Ich bin ein kompletter Freak! Ich kann einfach nicht aufhören, auch wenn ich es will!"

Ich hatte lauter gesprochen, als mir bewusst war. Jess war davon wach geworden und stand jetzt in der Tür, die Augen zusammengekniffen, weil das Korridorlicht blendete.

„Alles in Ordnung?", flüsterte sie.

Ich schüttelte den Kopf und zuckte die Schultern. Dann legte ich die Hand übers Handy und flüsterte: „Meine Wimpern. Ist keine gute Nacht heute. Ich spreche mit Michael."

Jess – die einzige Freundin, der ich nichts erklären musste. In diesem Moment war ich zutiefst dankbar, dass ich sie hatte, dankbar dafür, dass sie meinem Herzen eine Zuflucht bot.

„Ich hab dich lieb", flüsterte sie und schloss leise die Tür hinter sich.

Ich konzentrierte mich wieder auf das Gespräch mit meinem Mann. „Ich möchte diese Krankheit los sein, Michael. Immer wenn ich gerade anfange zu hoffen, dass es doch eine wirksame Hilfe gibt, werde ich enttäuscht. Nichts funktioniert! Nichts! Es geht mir genauso schlecht wie vorher oder noch schlechter. Ich habe das Gefühl, dass ich diese Krankheit nie loswerde."

„Du wirst sie loswerden. Wir beten weiter dafür." Er machte eine Pause. „Und noch was, Ann. Für mich bist du schön."

Ich schüttelte den Kopf. „Das kann ich nicht glauben."

„Du bist schön." Michael seufzte. „Lass uns noch zusammen beten und dann gehst du schlafen, ja? Du musst ein bisschen Schlaf kriegen."

Ich streckte die Beine aus und lauschte auf seine Stimme, auf den ruhigen Klang, in dem er Jesus bat, mir Frieden zu schenken, mich zu heilen, mir zu helfen, keine falschen Schuldgefühle aufzubauen. Ich versuchte, die Spannung von mir abzuschütteln, atmete ein paarmal tief durch und sagte Michael, dass ich ihn liebte. Er versicherte mir dasselbe, dann legten wir auf.

Am nächsten Morgen schloss ich mich ins Bad ein und drehte die Dusche auf, während ich versuchte zu retten, was von meinem Wimperndesaster noch zu retten war. Es sah nicht gut aus; dafür hatte ich selbst gesorgt. Ich hatte eigentlich nie das Gefühl, dass meine Augen gut aussahen; aber dieser Tag zählt zu den Tiefstpunkten in dieser Hinsicht.

Zur Trauung trug ich starken Eyeliner auf und war dankbar, dass mich ohnehin kaum jemand ansah. Die Feier war fantastisch, mit Blick auf den Atlantik. Elsie war strahlend schön und die Hochzeit selbst der Inbegriff von Glaube und Liebe. Ich konnte sie und Jeff von Herzen feiern und ihnen alles Glück für ihre Ehe wünschen. Aber irgendwo im Hintergrund war das Gefühl der Scham ständig präsent. Zwischen Lachen und Tanzen und jeder Menge frischer Meeresfrüchte und Steaks (schon wieder!) kämpfte ich gegen den Gedanken an, dass ich so viel Geld verschwendet hatte und jetzt trotzdem hässlich aussah. Ich versuchte zu vergessen, dass ich mir vorkam wie eine komplette Versagerin.

Ohnmächtig

Wir wissen nicht genau, welche Rolle Scham im Leben der Frau mit dem Blutfluss gespielt hat. In den biblischen Berichten gibt es allenfalls Andeutungen. Bei Markus wird ihr Leiden als *mastix* bezeichnet, ein starker Ausdruck, der so viel bedeutet wie „Geißel" oder „Qual". Ein Ausleger schreibt, der griechische Begriff „verbindet körperliches Leiden und Scham und kommt damit der Vorstellung einer Bestrafung nahe"[15].

Was es bedeutete, dauerhaft unrein zu sein, habe ich bereits erläutert. Selbst wenn jemand nur auf einem Stuhl saß, auf dem die blutende Frau zuvor gesessen hatte, wurde er unrein. Sie hat also vermutlich kaum noch das Haus verlassen. Sie konnte kein normales Sozialleben haben. Sie war in ihrem eigenen Dorf eine Ausgestoßene, unfähig, am Leben der Dorfgemeinschaft teilzunehmen. Es wäre kein Wunder, wenn sie sich gepeinigt und beschämt gefühlt hätte.

Auch ihr Plan, sich Jesus *von hinten* zu nähern, unterstreicht die Vorstellung, dass sie emotional verletzt war und sich selbst als unwürdig und wertlos ansah. Sie wollte nicht bemerkt, nicht erkannt werden. Sie wollte einfach kurz auftauchen, sein Gewand berühren und wieder verschwinden.

Ist das nicht genau das, was Scham in einem Menschen bewirkt? Ob wir mit körperlichen, emotionalen oder geistlichen Wunden kämpfen, Scham kann sich anfühlen, als reibe man Salz hinein. Scham beißt; sie verstärkt den Schmerz, den wir ohnehin schon spüren. Scham treibt uns noch weiter weg aus der Gesellschaft der anderen, als unsere ursprüngliche Schwäche es könnte. Scham lässt uns glauben, wir müssten uns verstecken, wir müssten alles tun, um unsere Schwäche geheim zu halten, wir dürften nicht zulassen, dass unser Problem bekannt wird.

Die Scham war der Grund dafür, dass ich den meisten engen Freundinnen jahrelang nichts von meiner Krankheit erzählt habe. Und ich meine wirklich meine engsten Freundinnen, nicht einfach Bekannte oder Kollegen. Sogar Elsie – zu deren Hochzeit ich Hunderte Meilen weit gereist war – sogar Elsie kannte zwar viel von meinem Herzen, aber sie wusste nichts von meiner Krankheit. Warum nicht?

Weil ich mich schämte.

Ich konnte Elsie nicht sagen, dass ich Trichotillomanie hatte und „daran arbeitete", so wie man erzählt, dass das Auto kaputt, aber bereits in der Werkstatt ist. Für mein Problem war kein Ende abzusehen, es gab keine Garantie dafür, wann oder ob ich jemals davon frei sein würde.

Nicht, dass ich es nicht immer wieder versucht hätte. Ich habe alles versucht, was mir nur einfiel. Außer den Strategien, die ich als Kind ausprobiert hatte, und den einmaligen Versuchen wie die Wimpernverlängerung gab es noch weitere Methoden, die ich regelmäßig anwandte: Heftpflaster um die Finger wickeln, Brille statt Kontaktlinsen tragen, fünfmal am Tag Wimpern neu tuschen, beten, noch mal beten, mit Knete spielen, im Haus Handschuhe tragen, noch mehr beten. Aber nichts hatte geholfen und es sah so aus, als ob es nichts gab, das mich heilen konnte. Immer wieder landete ich in dieser Sackgasse und dort staute sich die Scham an.

Es schien unmöglich, dass es je besser werden würde. *The American Journal of Psychiatry* stellt fest: „Aus neurokognitiver Perspektive lässt sich Trichotillomanie verstehen als Verhaltensstörung, bei der der Betroffene nicht in der Lage ist, eine ausreichende gegensteuernde Impulskontrolle auszuüben."[16] Das war es also. Ich war unfähig, eine „ausreichende gegensteuernde Impulskontrolle auszuüben". Eine dehnbare Umschreibung dafür, dass mir in dem Bereich meines Lebens, in dem ich sie mir am meisten wünschte, die Selbstkontrolle fehlte. Wenn es um Sport ging, ums Lernen, ums Schreiben, dann hatte ich kein Problem mit der Selbstkontrolle. Aber mit der Krankheit war es anders. Hier fühlte ich mich völlig ohnmächtig.

Ich schämte mich für diese Krankheit, dafür, dass ich eine so seltsame und unbekannte Störung an mir hatte. Und ich schämte mich dafür, dass ich mir selbst solchen Schaden zufügte. Ich dachte immer, wenn andere erführen, was ich tat, würden sie antworten: „Du reißt dir selbst die Wimpern aus? Wie verrückt. Lass es doch einfach!"

Aber ich konnte es nicht lassen. Ich schämte mich für meine eigenen Hände. Und manchmal schämte ich mich für mein ganzes Leben.

Was Scham mit uns macht

Wenn wir warten – dass sich etwas ändert, dass etwas verschwindet, besser wird, heilt oder wächst – und wenn das, worauf wir warten, einfach nicht eintritt, dann tritt an die Stelle des Erhofften nur allzu gern die Scham. Scham verbindet sich gern mit unseren Kämpfen; sie macht uns glauben, dass sie in den unbeantworteten Fragen und den herausfordernden Kapiteln unserer Geschichte unser ständiger Begleiter sein wird. Der Feind will, dass wir glauben, dass die Scham einfach zu den schwierigen und chaotischen Aspekten unseres Lebens gehört; dass es eine Emotion ist, die wir zu Recht haben sollten. Ich glaube, viele Menschen sind so daran gewöhnt, die Scham als Parasit in den Kämpfen ihres Lebens existieren zu lassen, dass sie sich ein Leben ohne Scham kaum noch vorstellen können.

Darum hatte ich Elsie in all den Jahren unserer engen Freundschaft nichts von meinem Kampf mit der Trichotillomanie erzählt. Ich kannte Elsie als verlässliche, loyale, großherzige Freundin. Aber ihr von meiner Krankheit zu erzählen, war einfach zu peinlich. Ich hatte Angst, dass sie mich abschreiben würde.

Wie die Frau mit dem Blutfluss sich Jesus nur von hinten näherte, damit ihre Schande nicht öffentlich wurde, so tat ich, was ich nur konnte, um meine Krankheit im Verborgenen zu lassen, selbst gegenüber einer engen Freundin.

All die Ängste und Sorgen, was Elsie von mir denken würde, wenn sie die Wahrheit erfuhr, waren aus der Scham geboren. Ich hatte Angst, wenn andere von meiner Krankheit wüssten, würden sie mich in einem anderen Licht sehen. Ich wollte nicht, dass mich jemand forschend ansah. Ich wusste, bei Jess und Michael und meiner Familie war es nicht so. Aber sie waren vielleicht nur die Ausnahme, die die Regel bestätigte. *Und außerdem,* sagte ich mir, *müssen sie mich ja lieben. Sie sind meine Familie.* Ich konnte mir nicht vorstellen, dass irgendwer mich mit dem Blick der Gnade ansehen könnte. Ich konnte mich ja selbst nicht so ansehen.

Das genau hatte die Scham bewirkt: Sie hatte meine Sicht der Wirklichkeit verdreht; sie hatte mein Verständnis von Gnade verrückt. Die Scham ließ es unmöglich erscheinen, dass mein ständiges Scheitern mit Gnade beantwortet werden konnte. Und darum habe ich meine Geschichte kaum jemandem erzählt – nicht einmal meinen besten Freundinnen.

Die Frau mit dem Blutfluss schämte sich für ihre eigene Bedürftigkeit; darum wollte sie sich Jesus nur von hinten nähern. Doch das Evangelium zeigt uns, dass Gott sich nicht für unsere Bedürftigkeit schämt:

> Müssen wir denn nun noch damit rechnen, verurteilt zu werden? Nein, für die, die mit Jesus Christus verbunden sind, gibt es keine Verurteilung mehr. Denn wenn du mit Jesus Christus verbunden bist, bist du nicht mehr unter dem Gesetz der Sünde und des Todes; das Gesetz des Geistes, der lebendig macht, hat dich davon befreit. Das Gesetz des Mose war dazu nicht imstande; es scheiterte am Widerstand der menschlichen Natur. Deshalb hat Gott als Antwort auf die Sünde seinen eigenen Sohn gesandt. Dieser war der sündigen Menschheit insofern gleich, als er ein Mensch von Fleisch und Blut war, und indem Gott an ihm das Urteil über die Sünde vollzog, vollzog er es an der menschlichen Natur. So kann sich nun in unserem Leben die Gerechtigkeit verwirklichen, die das Gesetz fordert, und zwar dadurch, dass wir uns vom Geist Gottes bestimmen lassen und nicht mehr von unserer eigenen Natur.
>
> Römer 8,1-4 (NGÜ)

Wie es aussieht, war es für Gott noch nie ein Problem, dass ich ihn so sehr brauche und dass ich nicht in der Lage bin, mein Leben selbst in Ordnung zu bringen. Es ist so klar, dass wir einen Retter brauchen, weil wir uns selbst nicht von Sünde und Tod befreien können – und auch nicht von anderen Dingen, die uns gefangen halten. Sie können Ihr Geld nicht zusammenhalten? Sie haben Ihre Kinder nicht unter Kontrolle? Erreichen Sie einfach keine besseren Ergebnisse? Können Sie Ihr Herz nicht im Zaum halten oder sich beim Essen nicht beherrschen? Ihre Gefühle nicht unter Kontrolle bringen?

Ich auch nicht.

Sie leiden vielleicht nicht unter Trichotillomanie. Aber auch in Ihrem Leben gibt es sicher Dinge, die Sie nicht im Griff haben. Ich vermute, dass genau dort auch die Scham wohnt. Und dass es Ihnen schwerfällt, im Blick auf diese Dinge Gnade anzunehmen.

Aber unser immer neues Versagen und unsere Bedürftigkeit schrecken Gott nicht ab. Im Gegenteil: Unsere Bedürftigkeit – unsere nie endende, nie abnehmende, bleibende Bedürftigkeit nach Rettung und nach Gnade – hat ihn ja dazu bewogen, sich unser anzunehmen. *Weil* wir so bedürftig sind, *weil* wir aus uns heraus so ohnmächtig sind – darum ist Jesus gekommen, freiwillig, aus Liebe, um uns zu retten.

Christus ist für uns gestorben, als wir noch schwach waren. Das heißt: Er starb für Menschen, die zu diesem Zeitpunkt noch gottlos waren! Dabei wird sich schon kaum jemand finden, der für einen gerechten Menschen stirbt. Wenn überhaupt, dann ist höchstens jemand bereit, sein Leben für einen Menschen herzugeben, der Gutes tut. Aber Gott beweist seine Liebe zu uns dadurch, dass Christus für uns gestorben ist – und zwar damals, als wir noch mit Schuld beladen waren.

Römer 5,6-8 (BaB)

Er kam, *als wir noch schwach waren.* Nicht, als wir uns zusammengerissen hatten und den Kampf mit der Sünde und unserer Schwachheit schon gewonnen hatten. Sondern als wir noch schwach waren. Es war schon immer so und wird immer so sein: Wir sind alle schwache, gebrochene Menschen, die einen Erlöser brauchen. Gott weiß das. Und er versteht es. Und genau deswegen schenkt er uns seine Gnade, jeden Tag, jeden Augenblick.

Dieses Bedürfnis von Sündern nach einem Erlöser begann im Garten Eden. Adam und Eva sündigten und dann schämten sie sich und versteckten sich (s. 1. Mose 3,7). An ihrem Körper hatte sich nichts verändern, als sie die Schwelle von der Unschuld zur Sünde überschritten – sie hatten immer noch dieselben Arme und Beine und Ohren. Aber die Sünde hat ihre *Selbstwahrnehmung* verändert: Jetzt erkannten sie, dass sie nackt waren. Und sie versuchten zu verbergen, wer sie waren – *weil sie sich schämten.*

Scham bewirkt, dass wir glauben, es sei unmöglich, unseren Kämpfen zu entkommen. Scham lässt uns glauben, dass unser Wert sich an unserem Scheitern bemisst. Scham bindet unseren Wert an unsere schwächsten Seiten. Scham bindet uns an Lügen. Scham sagt uns, dass unsere Identität nur so heil ist wie das Bild, das wir der Welt präsentieren.

Als ich kaum noch Wimpern und ein verletztes Selbstbild hatte, sagte die Scham, dass auch meine Identität verletzt war. Als meine Schwäche offensichtlicher war als meine Stärken, sagte die Scham, ich sei kaum noch etwas wert.

Scham ist eine mächtige Emotion. Ich kenne ihre scharfen Zähne. Sie beißt sich fest wie ein Wiesel und lässt nicht mehr los. Ich weiß, wie die Scham uns dazu bringt zu verbergen, wer wir wirklich sind. Scham bringt uns dazu, eine falsche Identität anzunehmen und so zu tun, als sei alles bestens, wenn es das nicht ist – nur weil wir das Gefühl nicht loswerden können, es sei nicht okay, nicht okay zu sein.

Aber die Scham ist eine Lügnerin.

Unsere Kultur sagt uns, dass es beschämend ist, auf andere angewiesen zu sein. Wir sagen es ständig, im Flüsterton und mit abschätzigen Blicken: „Sie kommt nicht allein klar. Nimm dich vor ihr in Acht." Aber die Wahrheit ist: Jesus zu folgen heißt, dass wir anerkannt haben, dass wir uns nicht selbst retten können. Wir können uns nicht selbst erlösen. Jesus zu folgen heißt nicht nur, dass wir an das Evangelium glauben, sondern dass wir unser Leben auf die Tatsache gründen, dass Jesus der Einzige ist, der okay ist, der Einzige, der es auf die Reihe kriegt, der Einzige, der vollkommen ist. Sich auf Christus zu berufen heißt, einzugestehen, dass wir höchst verzweifelt auf ihn angewiesen sind, auf seine Heiligkeit, auf seine Gerechtigkeit. Nur in ihm sind wir in einem letzten Sinn okay, auch wenn unser Leben in Scherben liegt, wenn es verletzt und zerbrochen ist.

Die Scham zum Schweigen bringen

Man kann die Scham zum Schweigen bringen. Selbst, wenn wir warten, wenn wir mit ungewollten Umständen, mit Krankheit oder zerbrochenen Beziehungen kämpfen, wenn wir nicht heil sind. Wir müssen sie nicht in die Bereiche unseres Lebens hineintragen, in denen wir bedürftig sind und versagen. Wir müssen uns nicht für die Stellen schämen, an denen wir noch auf Gottes heilende Berührung warten. Auch in den niederschmetterndsten Umständen muss die Scham nicht die Oberhand behalten. Das wissen wir, weil wir es am Leben von Jesus ablesen können. Der Verfasser des Hebräerbriefs erinnert uns daran, indem er aufzeigt, wie Jesus lebte (und starb):

> Wir sind also förmlich umgeben von einer riesigen Wolke von Zeugen. Darum lasst uns alle Last abwerfen, besonders die der Sünde, in die wir uns so leicht verstricken. Dann können wir mit Ausdauer in dem Wettkampf laufen, der vor uns liegt. Dabei wollen wir den Blick auf Jesus richten. Er hat uns zum Glauben geführt und wird ihn auch vollenden. Er hat das Kreuz ausgehalten und der Schande keine Beachtung geschenkt. Denn auf ihn wartete die große Freude, an der rechten Seite von Gottes Thron zu sitzen. Denkt doch nur daran, wie geduldig er die Anfeindungen von schuldbeladenen Menschen ertragen hat. Dann werdet ihr nicht müde werden und nicht den Mut verlieren.
>
> Hebräer 12,1-3 (BaB)

Jesus wusste, dass ihm ein qualvoller Tod bevorstand. Aber er hat den Blick auf die Freude des Sieges gerichtet, auf die Freude, sein Volk zu retten. Und er hat der Schande des Kreuzes keine Beachtung geschenkt. Andere Übersetzungen sagen, er hat „die Schande des Kreuzes für nichts gehalten" (V. 2; GNB) oder „verachtet". Diesen Ausdruck liebe ich besonders, denn er besagt, dass Jesus sich entschieden hat. Er hat sich geweigert, der Scham die Macht zu geben, die sie über ihn hätte haben können.

Auch in der Kultur des ersten Jahrhunderts war Scham eine starke Kraft. Und an ein Kreuz genagelt zu werden, war vielleicht die größte Schande, die einem Menschen zustoßen konnte. Als Krimineller verurteilt, fast besinnungslos geprügelt und vor aller Augen zur Schau gestellt zu werden – das war ein Tod, der nicht nur qualvoll, sondern auch höchst beschämend war.

Aber Jesus hat die Schande des Kreuzes „verachtet". Verachtung heißt: sich zu weigern, einer Sache Respekt oder Anerkennung zu zollen; zornig sein über etwas, das ungerecht oder falsch ist. Jesus hat die Schande des Kreuzes verachtet – er hat über den Moment, der der beschämendste seines Lebens sein sollte, hinausgeblickt und er hat die Schande verachtet.

Er hat das Kreuz auf sich genommen, aber er hat sich geweigert, die Scham anzunehmen.

Warum ist Jesus der Schande, die seine Kultur ihm mit dem Kreuz zufügen wollte, so verächtlich begegnet? Weil er wusste, dass er mit der Qual des Kreuzes die Scham ein für alle Mal zum Schweigen bringen konnte.

Jesus starb, um uns vom tiefsten Grund für unsere Scham zu befreien – der Scham darüber, dass wir sündige Menschen vor einem heiligen Gott sind. Und deshalb sah er das Kreuz nicht als einen Ort der Schande, sondern als den heiligsten und folgenreichsten Augenblick in der Geschichte der Menschheit. Sein Tod – der Jesus nach der Absicht des Feindes in die tiefste Schande stürzen sollte – hat in Wahrheit die Macht der Scham für alle gebrochen, die sich an das Kreuz klammern.

Scham tritt auf, wenn etwas Falsches geschieht – durch uns oder an uns. Wir alle kennen das Gefühl der Scham, denn wir haben alle schon erlebt, dass etwas geschieht, das nicht richtig ist. Wir sind Sünder, kaputte Menschen unter anderen kaputten Menschen. Das Gefühl der Scham, das sich mit meiner Krankheit in mein Leben geschlichen hatte – Scham über mein Aussehen, Scham darüber, was ich mir selbst antat, Scham, dass ich nicht aufhören konnte und manchmal gar nicht mehr dagegen ankämpfen wollte –, dieses Gefühl war real. Ich spürte es, weil die Krankheit mich ständig daran erinnerte, dass ich eine kaputte, bedürftige Seele war, die vor Gott nicht bestehen konnte (s. Römer 3,23). Aber Jesus starb für meine Sünde und hat alle Verurteilung und Selbstverurteilung beendet – er hat den Preis für mein Unvermögen bezahlt, mein Leben selbst in Ordnung zu bringen. Die Bibel sagt es eindeutig:

Für die, die mit Jesus Christus verbunden sind, gibt es keine Verurteilung mehr.

Römer 8,1 (NGÜ)

Wann immer unser Gewissen uns anklagt, dürfen wir wissen: Gott in seiner Größe ist barmherziger als unser eigenes Herz, und ihm ist nichts verborgen.

1. Johannes 3,20 (NGÜ)

Durch den Heiligen Geist haben wir nun die Kraft, ein neues Leben zu führen, neue Entscheidungen zu treffen. Scham und Verurteilung müssen uns nicht mehr begleiten. Wir empfinden vielleicht noch Scham, aber wir können uns wie Jesus dafür entscheiden, sie zu verachten. Wir können bewusst unsere Identität in Christus von dem beschädigten

Bild trennen, das wir von uns selbst haben. Wir können uns entscheiden, auf die Wahrheit zu hören, die Jesus bringt, unseren Wert von unserer Schwäche zu lösen und unser Leben nicht mehr an Lügen zu binden.

Frei von Scham

Irgendwann in dem schwierigen Prozess, all die Schichten der Scham in meinem Leben abzutragen, merkte ich, dass es Zeit war, Elsie zu sagen, dass ich Trichotillomanie hatte. Es war ein konkreter Weg, um meinen Wert von meiner Schwäche zu trennen.

Ich habe länger gebraucht, als ich gern zugeben möchte, bis ich sie schließlich anrief. Aber ich wusste, dass ich die Scham verachten musste, und ich wollte ehrlich zu Elsie sein. Sie war eine Freundin, die ich liebte, die mir viel bedeutete, jemand, der so vieles im Leben mit mir geteilt hatte, und ich war es ihr schuldig, dass sie die Wahrheit erfuhr. Ich war endlich bereit anzunehmen, wie sehr ich auf Gnade angewiesen war, auf Gnade von Gott und auf Gnade von Elsie.

Ich griff zum Hörer. Mir war bewusst, dass meine Mitteilung für sie völlig unvermutet kommen würde; sie konnte nicht wissen, was ich ihr sagen wollte.

Wir plauderten ein wenig, dann steuerte ich das Thema an. „Elsie? Du bist eine Freundin, die mir viel bedeutet. Ich möchte dir etwas erzählen. Es gibt da eine Krankheit …" Ich erklärte, was es mit der Trichotillomanie auf sich hatte und welche Rolle sie in meinem Leben spielte und dass ich sie schon hatte, seit ich ein Kind war.

Am anderen Ende war es still. Ich wünschte, ich hätte ihr

Gesicht sehen können, hätte es ihr bei einer Tasse Kaffee erzählen können statt aus einer Entfernung von ein paar Hundert Meilen. Und dann sagte ich die Worte, die ich unbedingt sagen wollte – die Worte, die ich schon längst hätte sagen sollen: „Eigentlich will ich dir gar nicht so viel über diese Krankheit erzählen, Elsie. Was ich eigentlich sagen will, ist: Es tut mir sehr leid, dass ich das so lange vor dir geheim gehalten habe. Es tut mir sehr leid, dass ich nicht viel früher offen zu dir war."

„O Ann." Ich hörte, wie sie schluckte. „Ich bin nicht sauer auf dich. Aber es tut mir weh, dass ich nichts davon wusste. Es tut mir leid, dass ich dich nicht begleiten konnte, so wie du mich durch meine Täler begleitet hast."

Jetzt weinte ich auch, vielleicht weil mir klar wurde, welchen Preis ich dafür bezahlt hatte, nicht offen gewesen zu sein. Und nicht nur ich hatte dafür bezahlt, sondern Elsie ebenfalls. Ich hatte zugelassen, dass die Scham mich zum Schweigen gebracht hatte, dass sie mich davon abgehalten hatte, Elsie Anteil an diesem Teil meines Lebens zu geben.

„Aber ich bin so dankbar, dass du es mir jetzt gesagt hast, Ann." Ich hörte sie tief durchatmen. „Wir tragen doch alle irgendwelche Wunden."

Ich nickte zustimmend, auch wenn sie mich nicht sehen konnte. Sie erwies mir gerade so viel Gnade.

Wir tragen alle irgendwelche Wunden. Und vielleicht werden wir nie frei sein von diesen Verletzungen, von unserer Schwachheit, unserer Sünde. Vielleicht werden wir hier auf dieser Erde weiter darauf warten, dass Gott unsere Umstände verändert und unser Herz und unser Denken ebenfalls. Aber unsere Identität beziehen wir nicht mehr aus den Rissen und Schwachstellen unseres Lebens. Auch nicht aus unserem Vermögen, diese Schwächen zu besiegen. Unsere Identität beziehen wir von Christus und aus seinem Sieg über den Tod. Unsere Identität begründet sich darauf, dass er die Schande und das Grab überwunden hat. Wir gehören ihm. Ich gehöre ihm. Sie gehören ihm.

Trichotillomanie, Scheidung, Schmerz, Sorgen, Depressionen, Angst, Furcht, Missbrauch, Essstörungen, Schulden, schwierige Kinder, Vergleichen, Verletzungen: Wir werden weiter unsere Kämpfe haben. Aber wir müssen nicht mehr Seite an Seite mit der Scham durchs Leben gehen. Im tiefsten, eigentlichen Sinn ist die Scham besiegt. Besiegt, weil unser Leben mit Christus verborgen ist in Gott (Kolosser 3,3). Wenn wir als freie Menschen leben wollen, müssen wir gegen die Scham ankämpfen, indem wir den Menschen, die uns lieben, unser Herz öffnen, ihnen Anteil geben an unserem Leben und sie so einladen, uns die Gnade zu erweisen, die wir alle voneinander nötig haben.

Denn wenn wir aus ihrem Mund und aus dem Mund von Jesus Worte der Liebe und Annahme hören, dann kann die Wahrheit des Evangeliums auch die Stellen in unserer Seele erreichen, die empfindlich sind und noch auf Heilung warten. Wir sind nicht unsere Kämpfe oder unsere Sünden oder unsere Schwächen. Wir sind Menschen, die Christus gehören. Und mehr müssen wir nicht sein.

7

Alle Tränen gezählt

Sarah bückte sich durch die niedrige Eingangstür ihres Elternhauses. Die Vormittagssonne blendete sie und machte ihr bewusst, dass sie seit Monaten nicht mehr im Freien gewesen war. Sie legte sich den Schal über den Kopf und sah zu Boden. Obwohl sie von Kopf bis Fuß verhüllt war, fühlte sie sich ungeschützt.

Ohne genau zu wissen, wohin sie gehen sollte, machte sie sich auf den Weg. Sie wusste nur, wen sie suchte: diesen Rabbi Jesus. Lydia hatte ihr gesagt, dass er hier in der Gegend war, und Sarah hatte in der Nacht ein Gebet zum Himmel geschickt, dass Gott ihre Schritte zu dem Heiler lenken möge. Jetzt konnte sie nur hoffen, dass Gott dieses eine Gebet aus ihrem zerstörten Leben heraus gehört hatte.

Mit pochendem Herzen wanderte sie durch die Straßen, vermied es aber, in die Nähe des Stadttors zu kommen, wo ihr Vater sich mit den anderen Männern des Dorfes traf. Auch um das Haus, in dem ihre Mutter eine Freundin besuchte, machte sie einen Bogen; sie hoffte, ihre Mutter würde noch ein weiteres Stündchen dortbleiben und ihre eigene Abwesenheit von zu Hause würde unbemerkt bleiben.

Als sie weiter in den Ortskern und in die Nähe des Ufers gelangte, wo die Fischer ihren Fang anboten und ihre Netze flickten, hörte sie Stimmen. Es waren viele Stimmen, die sich gegenseitig übertönten. Aber eine klang hervor und ihr Ton war dringlich. Jemand rief etwas über die Menge hinweg.

Sarah folgte dem Klang und bald hörte sie die verzweifelte Stimme von Jairus. Er war Vorsteher in der Synagoge und ein guter Freund ihres Vaters. Obwohl sie ihn schon jahrelang nicht mehr gesehen hatte – ein heiliger Mann besuchte kein Haus, in dem eine Unreine wohnte –, erkannte sie seine Stimme. Eine tiefe Stimme, die jetzt klang, als sei sie über ein Bootsgerippe geschrappt – eine prasselnde Stimme, die bei jedem Wort fast brach. Sarah erreichte den äußeren Rand der Menschenansammlung und versuchte, darin unterzutauchen. Niemand schenkte ihr Beachtung.

„Rabbi!" Jairus schrie jetzt beinahe, seine Stimme war so angespannt, wie Sarah sie noch nie gehört hatte. „Rabbi, bitte, komm mit mir! Meine kleine Tochter liegt im Sterben! Der Tod steht schon auf der Schwelle! Komm und leg ihr die Hände auf, damit sie lebt."

Tabitha? *Tabitha war noch ein Kind; sie war etwa zu der Zeit geboren worden, als bei Sarah die Blutung begonnen hatte; sie war ihr nie persönlich begegnet. Tabitha konnte höchstens elf oder zwölf Jahre alt sein.* Sie ist doch viel zu jung, um zu sterben!

Sarahs Herz zog sich zusammen, während sie sich bemühte, einen Blick darauf zu erhaschen, was vor sich ging. Sie konnte keine Gesichter erkennen, aber die Menge schien sich um Jairus und einen weiteren Mann zu drängen. Und plötzlich wusste sie es: Dieser Mann musste Jesus sein.

Die Menge setzte sich hinter den beiden Männern in Bewegung und Sarahs Blick fiel kurz auf das Gesicht von Jesus.

Ihr stockte der Atem.

Selbst aus der Entfernung sah sie etwas in seinen Augen, das sie nicht erwartet hatte. In seinem Blick lag Mitgefühl.

Irgendetwas in Sarahs Seele löste sich, als sie Jesus in die Augen sah. In einem einzigen Moment durchzog sie noch einmal der ganze Schmerz der letzten zwölf Jahre – wie ein Wind, den sie weder sehen noch aufhalten konnte. Die Scham, der Kummer, die Enttäuschung, der Zorn. Und die Einsamkeit.

Die Einsamkeit. Mehr als die ständige Erschöpfung, mehr als das Schwindelgefühl, mehr als das wiederkehrende Klingen in ihren Ohren hatte sie die unausweichliche Einsamkeit geplagt, der sie sich jeden Morgen aufs Neue gegenübersah. Sie hing an ihr, ein unsichtbares Gewicht, das wie ein Joch auf ihren Schultern lag. Dies war die schlimmste Art von Leid, ein Leiden, das nicht körperlich war, sondern ihre Seele zerfraß.

Das körperliche Leid war schlimm genug, das wusste Sarah. Aber diese Last auf ihrer Seele fühlte sich an, als könne sie sie unmöglich tragen. Es war ein Leiden, das mit jedem Sonnenaufgang neu aufbrach, wenn die Wirklichkeit ihres Lebens sie verschlang wie ein Abgrund, in dem all ihre Träume versanken.

So viele Jahre trug sie dieses stumme Leid nun schon, so viele Jahre, in denen sie sich ungeliebt und vergessen vorkam. Sie sehnte sich verzweifelt danach, dass es vorbei war.

Sarah setzte sich in Bewegung. Sie musste zu diesem Jesus gelangen.

Aus der Zeit zwischen meinem Collegeabschluss und der Geburt unserer Tochter erinnere ich mich besonders an einen Nachmittag. Ich hatte gelesen und mein Kampf mit meiner Krankheit erschien mir an diesem Tag besonders aussichtslos. In mir herrschten weniger Frustration oder Kummer – sondern Schmerz.

Ich war siebenundzwanzig. Ich wollte verzweifelt gern frei sein von diesem Zwang, aber ich war zu schwach, das mit meiner Willenskraft zu schaffen. Mit jeder neuen Wimper stolperte ich erneut in den inneren Kampf, der in mir tobte. Ich wusste ja: Ich konnte mich nicht selbst heilen. Und ich wusste ebenfalls, dass Gott es auch nicht tat.

An diesem Tag brach es förmlich aus mir heraus – nicht in wohlgeordneten Sätzen voller Glauben und Zuversicht, sondern unter Tränen und ziemlich zornig. Ich saß auf der Couch und schrie Gott an.

„Ich werde doch nie normal aussehen, Gott! Ich fühle mich so hässlich."

Die Wände warfen mein Geschrei zurück.

„Und die meiste Zeit meines Lebens habe ich mich hässlich gefühlt, wegen dieser Krankheit. Warum muss ich Trichotillomanie haben? Warum?"

Schweigen.

„Gott, warum? *Warum?* Ich will doch für dich leben – und ich habe alles versucht, um gesund zu werden. Aber nichts hilft!"

Jetzt schluchzte ich. Ich schleuderte mein Buch auf den Kachelfußboden und hörte, wie es darüberschlitterte.

„Du weißt doch, wie sehr ich mir wünsche, dass ich mit dieser Angewohnheit aufhören kann! Und ich schaffe das nicht aus eigener Kraft! Warum hilfst du mir nicht?"

Ich stand auf und lief mit energischen Schritten im Zimmer herum. Meine Absätze klapperten auf den Bodenfliesen.

„Ich bin eine Leserin, eine Autorin, und du hast mich so geschaffen. Aber wenn ich lese oder schreibe, ist es am schlimmsten mit dem Wimpernzupfen. Ich kann nicht aufhören! Und ich hasse mich dafür! Ich hasse es, so unfähig zu sein!"

Ich glühte innerlich und spürte die Hitze bis in die Fingerspitzen. Schließlich ballte ich die Hände zu Fäusten und schrie noch lauter.

„Und was ich noch mehr hasse, ist, dass du diese Krankheit in einem Augenblick heilen könntest – und du tust es einfach nicht!!!"

Jetzt sank ich auf die Knie. „Ich will, dass du sie wegnimmst! *Bitte!* Ich hab das alles so satt. Ich lebe jetzt schon länger mit dieser Krankheit, als ich ohne sie gelebt habe."

Ich öffnete die Fäuste und ließ die Tränen einfach laufen. Die ganze Erschöpfung, die mein Herz spürte, strömte durch meinen Körper.

„Bitte, Herr, mach mich gesund. Es sind schon sechzehn Jahre. Mein Herz ist so müde."

Einfach abhaken?

Damals, mit Mitte zwanzig, war meine Zeit meist mit immer denselben Dingen gefüllt: lesen, schreiben, nachdenken, lehren … und dann dasselbe noch einmal. Nachdem ich meinen Master in kreativem Schreiben gemacht hatte, gab ich an meiner Uni als Dozentin Unterricht in diesem Fach. Schnell stellte ich fest, dass ich es liebte zu unterrichten. Ich genoss den Tanz der Fragen und Diskussionen, das Interesse meiner Studenten, die Themen, über die wir schrieben. Und deshalb beschloss ich, auf meinen Master in kreativem Schreiben noch den Master der Bildenden Künste draufzusetzen. Das bedeutete, ein paar weitere Jahre mit Studieren, Lesen und Schreiben zu verbringen.

Es handelte sich um einen Fernstudiengang. Nebenbei hatte ich noch einen Job als Büroassistentin. Ich nutzte die Abende und die Wochenenden zum Schreiben. Zweimal im Jahr flog ich für ein paar intensive Studienwochen quer durch die Staaten. Alle drei Wochen reichte ich meine Texte per E-Mail bei meiner Professorin ein. Bald stellte ich fest: Diese Mischung aus Intensivkursen an der Uni und Schreiben und Nachdenken zu Hause bekam mir sehr gut.

Es war eine sehr fruchtbare Zeit für mich. Ich lernte, professionell zu schreiben, nicht nur als Hobby. Ich las Bücher, die mich herausforderten, meine Fähigkeiten und Kenntnisse zu vertiefen. Ich konnte mich mit anderen austauschen, die das Schreiben ebenfalls liebten. Und ich lernte, meine Worte so zu wählen, dass ein Raum entstand, den andere bewohnen und erkunden konnten. Ich liebte das alles.

Und gleichzeitig hasste ich es. Ich hasste es, dass ausgerechnet das, wozu ich mich berufen fühlte, mit meiner größten Schwäche so eng verbunden war. Daran litt ich wohl am meisten: Alles, wofür ich mein Leben investieren wollte, war irgendwie an die Trichotillomanie gebunden. Seit sechzehn Jahren kämpfte ich diesen Kampf nun schon und ich war müde.

Vielleicht erklärt das folgende Zitat das Problem am besten:

Zu den destruktivsten Folgen des zwanghaften Haarausreißens gehört die lang andauernde Erfahrung, das eigene Handeln nicht kontrollieren zu können. Betroffene fühlen sich nicht nur als Opfer von irrationalen, destruktiven Handlungen, sondern zugleich als Täter. Es ist, als sei die eigene Person zum Schlachtfeld für einen schrecklichen, unkontrollierbaren Kampf geworden. Mit der Zeit entwickelt man ein anderes Selbstgefühl: als ohnmächtiger und ausgelaugter Beobachter eines Traumas, das sich endlos wiederholt.[17]

Ja, es wiederholte sich endlos. Und vor allem dann, wenn ich las oder studierte oder schrieb. Wenn meine Hände beschäftigt waren – beim Sport oder beim Kochen oder wenn sie eine Kaffeetasse umschlossen –, passierte nichts. Wenn ich mit einem Whiteboard-Marker in der Hand vor meinen Studenten stand oder mit meinem Mann oder Freunden essen ging, dachte ich gar nicht an meine Wimpern. Aber wenn ich irgendwo an einem ruhigen Plätzchen saß, ein Buch in der Hand oder einen Laptop vor mir hatte, fing ich an zu zupfen. Immer wenn ich tat, was ich am liebsten tat und am besten konnte, flammte das Bedürfnis auf, Haare zwischen meinen Fingern zu spüren.

Ich wusste: Ich wollte dafür leben, Jesus und meine Mitmenschen zu lieben, und ich wollte Autorin und Dozentin sein. Jede Woche verbrachte ich viele Stunden vor meinem Bildschirm und tippte Worte in meinen PC. Ich las. Ich sog die Worte von anderen förmlich auf, um von ihnen zu lernen. Ich schrieb Feedbacks für die künftigen Schriftsteller in meinen Kursen. Aber genau diese Dinge ließen den Kampf mit der Trichotillomanie regelmäßig aufflammen.

Wenn ich mich hinsetzte, um einen Artikel zu schreiben, wusste ich, dass ich mit deutlich weniger Wimpern wieder aufstehen würde. Oder ich würde endlos viel Zeit mit dem Versuch verbringen, *nicht* zu zupfen, statt meinen Artikel zu schreiben. Sechzehn Jahre lang ging das nun schon so. Und nach all diesen Jahren litt ich nicht nur unter der Krankheit, sondern inzwischen fühlte sich bereits das Warten auf eine Heilung an wie Schmerz.

Wenn ich diese Krankheit schon nicht loswerden konnte, warum hatte Gott mir keine anderen Begabungen geschenkt, solche, die nicht dauernd Anlass gaben, dass die Symptome sich verschlimmerten? Hätte er mir nicht eine Vorliebe für

Chirurgie oder Schwimmen oder Softball geben können – etwas, das meine Hände beschäftigt hielt? Ich hatte ständig das Gefühl, dass das, wozu ich mich berufen sah, durch meinen Kampf mit der Trichotillomanie irgendwie befleckt wurde. Die Dinge, die mir tiefste Freude machten, waren umgeben von einem Minenfeld voller Scheitern und Enttäuschung.

Andererseits zögere ich, im Zusammenhang mit meiner Trichotillomanie von *Leiden* zu sprechen. Das Wort umfasst zu viel und es erscheint mir unangemessen, mein Leiden an meiner Krankheit mit den Tragödien zu vergleichen, die sich überall in der Welt abspielen. Schauen Sie die Nachrichten und Sie sehen genug davon.

Und ich habe tiefes Leid kennengelernt. Als ich mit meinem Mann und einem Team aus unserer Gemeinde eine Partnergemeinde in Kapstadt, Südafrika, besuchte, habe ich Leiden in einem Ausmaß gesehen, das ich mir nie vorgestellt hätte.

Kapstadt gehört ganz sicher zu den erstaunlichsten Orten, an denen ich je gewesen bin. Der Ozean schäumt und schillert in allen Farbtönen von leichtem Grün bis zu Tiefblau; die Berge scheinen direkt aus dem Wasser aufzutauchen wie Hände, die zum Lobpreis erhoben sind. Ich war nur zehn Tage in Südafrika. Einen davon habe ich an der Küste verbracht und versucht, mir diesen Ozean einzuprägen, der mich mit seiner Klarheit und Schönheit so überwältigte. Die restlichen neun Tage waren wir in Masiphumelele, einem Township, das zu Zeiten der Apartheid entstanden ist, die 1948 in Südafrika begann. Apartheid: eine Zeit, in der ganze Volksgruppen wegen ihrer Hautfarbe in Gettos gepfercht wurden.

Masiphumelele ist ein solches Getto. Zwar gibt es heute offiziell keine Apartheid mehr, aber die Folgen sind noch immer spürbar. Generationen der Armut bringen Generationen der Armut hervor und für die meisten Menschen, die in diese umzäunten Slums hineingeboren werden, gibt es keinen Weg hinaus.

Teile der ursprünglichen Mauer um das Township existieren in Masiphumelele noch heute. Aber die Mauern, die heute die Menschen darin festhalten, sind nicht aus Zement oder Steinen erbaut. Auf einer Fläche von weniger als einer Quadratmeile leben ungefähr dreißigtausend Menschen. Mehr als 20 Prozent der Bewohner des Townships sind HIV-infiziert. Die Tuberkulose verbreitet sich sprunghaft. Die Arbeitslosigkeit liegt bei 70 Prozent.

Ja, dort habe ich gesehen, was Leiden ist. Ich habe mich mit Fereka angefreundet. Sie ist HIV-positiv, im siebten Monat schwanger und mit einem Alkoholiker verheiratet. Sie wohnt in einem Schuppen aus Karton und Blech – zur Miete, weil sie sich einen Kauf nicht leisten können. Und dann war da Jasmine, ein Teeniemädchen, das mir zu einer Kameradin, zu einer Schwester geworden ist und das an jedem der neun Tage, die ich dort war, dasselbe T-Shirt trug. Für sie gibt es kaum einen Weg aus der Armut, in der sie lebt; ihr stehen keine anderen Optionen offen.

Ich habe diese Frauen kennen- und lieben gelernt. Ich habe mit ihnen gebetet. Und irgendwann schmerzte es mich zutiefst, wie reich ich bin, welche Privilegien ich genieße, wie viele Optionen mir offenstehen. Ich schämte mich dafür, dass ich mehr Geld für den Flug dorthin ausgegeben hatte, als sie in einem ganzen Jahr verdienen. War mein Besuch dort wirklich notwendig? Natürlich nicht. Ich fragte mich, ob ich nicht besser zu Hause geblieben wäre und das Geld für den Flug unserer Partnergemeinde gespendet hätte, die es besser investiert hätte als in meinen kurzen Aufenthalt und meine tränenreichen Gebete.

Ich hatte das Gefühl, dass ich überhaupt keine Hilfe war.

Aber diese Frauen dort, die mich liebten – und die ich ebenfalls ins Herz geschlossen habe –, diese Frauen sagten mir, dass ich allein dadurch, dass ich da war und sie liebte, etwas veränderte. Ich erwiderte, dass ihre Liebe mich auch verändert hatte. Mitten in allem Elend entdeckte ich einen Abglanz der Liebe Jesu: in Jasmines raschem und aus ganzem Herzen getroffenen Entschluss, Jesus zu folgen; in Ferekas Hoffnung für das Kind in ihrem Leib. In ihrer Antwort auf Jesus und darin, wie sie ihre Lebensumstände ertrugen, sah ich Widerstandskraft und Entschlossenheit. Ich hatte ihnen zwar nicht viel anzubieten, aber ich wusste, sie sind nicht allein; sie sind jetzt Mitglieder einer Gemeinde in Masiphumelele, die viel dafür tut, die Infrastruktur des Viertels zu verbessern.

Natürlich mussten wir wieder fort, zurück in unsere Backsteinhäuser, in Lebensumstände mit so vielen Möglichkeiten, wie die Frauen in Masiphumelele sie sich überhaupt nicht vorstellen können. Und obwohl ich nur für zehn Tage in Südafrika war, muss ich oft an diesen Besuch denken. Manchmal vermischen sich die Erinnerungen daran mit denen von meinen Reisen nach Honduras und Mexiko, wo ich ebenfalls Menschen begegnet bin, die in großer Armut leben und viel Leid tragen müssen. Oder mit Gedanken an Spaziergänge in Chicago, wo obdachlose Männer und Frauen am Flussufer um Essen und Geld betteln.

Wenn ich an diese Erlebnisse denke, wenn ich Zeitung lese oder die Nachrichten sehe, kommt mir das viele Leid in dieser Welt unerträglich vor. Ich lasse die ganze Last dieses Leids gar nicht erst an mich heran, damit ich mich nicht vor dem Bildschirm in Tränen auflöse oder über den Zeitungsseiten in Ohnmacht falle.

Und trotzdem wage ich es, im Zusammenhang mit meiner Krankheit von Leiden zu sprechen? Als ich aus Südafrika zurückkam, kam mir mein Kampf mit der Trichotillomanie geradezu lächerlich vor. Noch absurder kam es mir vor, deswegen zu beten; Gott zu bestürmen, mich von etwas zu befreien, woran ich nicht starb und das mich auch ansonsten nicht körperlich beeinträchtigte. Mir wurde bewusst, dass ich mehr um Heilung für mich gebetet hatte als um Befreiung für Menschen, die sexuell ausgebeutet werden, oder um Nahrung für die Verhungernden dieser Welt. Ich kam mir lächerlich vor, selbstsüchtig, dumm.

Ich machte mir selbst Vorwürfe, dass ich so viel Energie auf etwas verschwendete, das angesichts des Leids der Welt kaum ins Gewicht fiel. Wenn ich daran dachte oder auch nur an das Leid, das ich selbst gesehen hatte, fühlte ich mich klein und egoistisch. Eine Zeit lang hatte ich Schuldgefühle, wenn ich für mich um Heilung betete, und ich bemühte mich, ebenso viel für andere zu beten, die anderes Leid zu tragen hatten als ich – für Fereka und Jasmine und für die Millionen Kinder, die keine Eltern haben, keine Geborgenheit, keine Nahrung.

Und es brachte mich zum Nachdenken. Sollte ich einfach meinen Frieden mit meiner Krankheit schließen? Sie einfach als gegeben abhaken und nicht mehr zurückschauen? Sollte ich aufhören, deswegen zu beten, darüber nachzudenken? Aufhören, mir darüber Sorgen zu machen, wie sehr es die empfindsamen und verletzlichen Stellen meines Geistes beschäftigte? Sollte ich einfach ein tapferes großes Mädchen sein und so tun, als sei alles in Ordnung?

Ich glaube nicht. Ich glaube nicht, dass es das ist, was Jesus von mir erwartet.

Und warum nicht? Weil es da diese Geschichte von der Frau mit dem Blutfluss gibt.

Den Schmerz würdigen

Damals, als ich das Gefühl hatte, die Krankheit hätte mich besiegt, kreisten meine Gedanken immer wieder um die Geschichte der Frau mit dem Blutfluss – dieser großzügigen Frau, deren Geschichte schon so lange erzählt wird. Und ich begann, über sie zu schreiben.

Ihre Geschichte hatte mich ja schon immer angesprochen. Also schrieb ich im Rahmen meines Masterstudiums einen Essay über sie. Und auch über meine Krankheit; denn das war für mich der Herzschlag der Geschichte, der Ort, an dem mein Leben sich mit ihrem verband. Bis zu diesem Zeitpunkt hatte ich noch nie über die Trichotillomanie geschrieben, höchstens in meinem Tagebuch.

Bis dahin hatte ich mich immer zu verwundbar gefühlt. Aber je länger ich mit meinem Zustand lebte, desto klarer wurde mir, dass ich darüber schreiben wollte. Ich wollte versuchen, das zu tun, was ich mit allem, was mein Leben sonst ausmachte, auch tat: meine Gedanken dazu auf einem Blatt Papier entfalten.

Als der Essay fertig war, rang ich mit mir selbst, ob ich ihn einreichen sollte. Die Professorin, die meine Arbeit lesen und bewerten würde, war eins meiner größten Vorbilder – eine Frau, die traumhafte Prosa schrieb mit Formulierungen, die wie Schlüssel in gut geölte Schlösser passten. Und ich war wieder am selben Punkt, an dem ich schon früher gewesen war: Ich wollte nicht, dass irgendjemand – und schon gar nicht meine Professorin – mich für sonderbar hielt.

Aber Abgabetermine im Studium sind ernst zu nehmen und ich hatte bis auf diesen Essay nichts Substanzielles anzubieten. Also reichte ich den Essay ein. Und wartete auf eine Reaktion.

Als ich sie schließlich erhielt, las ich darin ermutigende Worte über die Struktur des Textes und die Qualität meiner Schreibe und etliches an konstruktiver Kritik, wo mein Text Schwächen hatte. Aber über das Thema Trichotillomanie verlor meine Professorin kein Wort. Ich wusste nicht, was ich denken sollte.

Wenig später flog ich wieder für einen Intensivkurs an die Westküste. Der Augenblick, als meine Professorin und ich uns zusammensetzten, um meine Arbeiten aus den letzten Monaten zu besprechen, ist in meine Erinnerung regelrecht eingebrannt. Wir trafen uns in dem kleinen Häuschen, das sie während der Woche bewohnte. Das Wohnzimmer bestand nur aus bequemen Polstermöbeln. Sie bot mir etwas Warmes zu trinken an und dann saßen wir an den zwei Enden einer blassgrünen Couch, zwischen uns den Papierstapel mit meinen Texten.

Meine Professorin legte einen Arm auf die Sofalehne und sah mich lange an. Bevor ich sie näher kennenlernte, hatte ihre Persönlichkeit mich eingeschüchtert; sie ist superintelligent und nimmt kein Blatt vor den Mund. Aber inzwischen wusste ich auch, dass sie gern und ausgiebig lacht.

„Ann. Diese Krankheit, die Sie haben – Trich…"

Ich nickte und schlug die Beine übereinander.

„Das klingt furchtbar. Wie leben Sie denn damit?" Die Nachmittagssonne, die durchs Fenster fiel, spiegelte sich in ihrer Brille.

„Ich weiß nicht. Ich glaube, inzwischen ist es für mich fast normal. Natürlich bin ich nicht gerade froh darüber. Ich hasse die Krankheit. Aber inzwischen ist es das, was ich kenne; etwas, womit ich eben leben muss."

Sie nahm den Essay zur Hand und blätterte auf die zweite Seite. „Das tut mir leid zu hören. Es hört sich an, als sei es nicht einfach, damit zu leben."

Sie war nicht entsetzt. Sie war nicht übermäßig betroffen. Sie bemitleidete mich nicht. Aber ich spürte an diesem Nachmittag ihr tiefes Mitgefühl und die Freundlichkeit, mit der sie mir begegnete. Sie hatte verstanden, dass ich litt.

Und dieses Verständnis – dafür, dass diese Krankheit echtes Leid bedeutete – war an jenem Tag ihr Geschenk an mich. Sie ignorierte das Thema nicht einfach, sie tat nicht so, als müsse man einen Bogen darum machen. Aber sie gab ihm auch nicht zu viel Raum, machte es nicht zum beherrschenden Thema. Sie nahm wahr, was die Krankheit für mich bedeutete, und beließ es dabei – nicht mehr, nicht weniger. Und das war es – ihre Anerkennung von Tatsachen und ihre Freundlichkeit –, was mir die Sicherheit gab, in aller Offenheit über meinen Essay zu reden. Was ich auf dieser grünen Couch vor allem empfand, war, dass ich gesehen und verstanden wurde. Denn verstehen wollte sie mich – als Mensch und als Autorin.

Die Geschichte der Frau mit dem Blutfluss half mir zu verstehen, was Leiden heißt und dass Jesus nicht von mir verlangte, meinen Kampf mit Trich einfach zu ignorieren. Warum? Meine Professorin hatte mir an diesem Nachmittag auf ihrer Couch ein Geschenk gemacht. Jesus hat der Frau mit den Blutungen etwas Ähnliches angeboten – und Besseres. Er redete ihr Leid nicht klein; er gab ihr keine Verhaltensratschläge, sie solle sich nicht so anstellen. Stattdessen nahm er ihren Schmerz ernst.

Bevor wir wirklich zu schätzen wissen, warum seine Reaktion so eindrucksvoll ist, müssen wir erst einmal verstehen, was hier vorgeht. Im Markusevangelium steht die Geschichte der Frau mit dem Blutfluss nicht für sich; sie ist eingebettet in die Geschichte von Jairus und seiner zwölfjährigen Tochter, die Jesus vom Tod auferweckt.

Jesus fuhr mit dem Boot wieder ans andere Ufer, wo sich bald eine große Menschenmenge um ihn versammelte. Er war noch am See, als einer der Synagogenvorsteher kam, ein Mann namens Jairus. Er warf sich Jesus zu Füßen und flehte ihn an: „Meine Tochter liegt im Sterben. Komm und leg ihr die Hände auf, damit sie wieder gesund wird und am Leben bleibt!" Jesus ging mit ihm.

Markus 5,21-24 (NGÜ)

In einer Angelegenheit von ewiger Bedeutung geht Jesus mit Jairus. Als Mutter, die ich inzwischen bin, sehe ich in Jairus das Gesicht meines Mannes. Hätte unsere Tochter Ella auf diesem Bett gelegen, wäre Michael auch durch die Straßen gerannt, von Angst geschüttelt, aber zugleich mit einer Hoffnung, dass sich ihm die Haare gesträubt hätten. Hier ist ein Vater, der noch eine letzte Chance sieht. Vielleicht sah er aus wie ein Wahnsinniger – wahnsinnig in seiner Liebe zu seiner Tochter, in seiner verzweifelten Hoffnung auf Heilung. Auf ein Wunder. Da rennt er, rennt und sucht, sucht nach dem Mann, von dem es heißt, er könne heilen. Ich glaube, es gibt keine Worte, die der Liebe dieses Vaters gerecht werden. „Er warf sich Jesus zu Füßen und flehte ihn an", erzählt Markus.

Stellen wir uns das heute vor. Da sehen wir einen Vater durch die Straßen einer Großstadt rennen, sehen, wie er die Menge entdeckt, die sich um Jesus schart, sehen, wie er sich vor dem Rabbi zu Boden wirft. Wir hören, wie ihm fast die Stimme versagt, als er seine Bitte stammelt: „Wirst du kommen? Bitte, *bitte,* komm!"

Und Jesus sagt Ja. Vielleicht haben die Zuschauer genickt. Jairus war bekannt – er war eine Autorität, ein Lehrer. Und eine Respektsperson wie Jesus half doch sicher einem von seinesgleichen. An der Seite von Jairus läuft Jesus durch die Straßen bis zu dem Haus, in dem das sterbende Kind liegt. Und Jairus erlaubt es sich, wieder zu hoffen.

Aber dann taucht mitten aus der Menge plötzlich diese Frau auf. Wir erfahren ihren Namen nicht, auch wenn Jesus – der, der Gott und Mensch ist, der die Sterne zählt und alle beim Namen nennt – ihn sicher gekannt hat. So, wie er ihre Geschichte kannte. Aber sie will nicht gesehen werden; sie will einzig und allein sein Gewand berühren und wieder untertauchen.

Es steckt so viel in dieser Geschichte – weitere berührende und wunderbare Details. Aber worum es mir hier vor allem geht ist dies: *Jesus würdigt ihr Leid*. Das ist nicht zu übersehen. Das dürfen wir nicht übersehen. Als sie beschloss, nur unerkannt sein Gewand zu berühren, konnte sie ja nicht wissen, was Jesus tun würde. Dass er ihretwegen die nachdrängende Menge stoppen würde, obwohl ein kleines Mädchen am anderen Ende der Straße im Sterben lag.

Der Tod läuft auf die Kleine zu wie ein Feuer, vor dem man nicht fliehen kann. In Jairus' Blick steht Qual – *Rasch doch! Bitte!* –, aber Jesus bleibt stehen. Ihretwegen. In den Augen der Welt ist ihr Leid nicht annähernd so schwer wie das von Jairus. Und schon gar nicht dringend; sie lebt ja bereits seit mehr als einem Jahrzehnt damit – und könnte das sicher auch weiter tun. Sie steht ja schließlich nicht an der Schwelle des Todes.

Die Menschen verstehen, dass Jairus drängt. Aber im Blick auf die Frau mit den Blutungen verspürt sicher niemand irgendeine Dringlichkeit. Die Leute kennen vermutlich ihre Geschichte; sie ist eine Unsichtbare, tot für gemeinsamen Gottesdienst, für gemeinsames Feiern. Für sie würde sich niemand Zeit nehmen. Wir hören förmlich das Gemurmel der Menge: „Hat das nicht Zeit bis später? Warum kümmert er sich nicht später um sie?" Das Leiden dieser Frau ist doch kaum so wichtig wie das Leben eines kleinen Mädchens.

Doch.

Doch, ihr Leiden ist wichtig für Jesus. Er versteht, dass es eben dieses Warten ist, das zu ihrem Leiden gehört – dass das Warten selbst ein einziges Leiden ist. Und dieses Leid ist ihm nicht egal. So wenig egal, dass er bereit ist, den Synagogenvorsteher warten zu lassen – den, der einen Namen, ein Prestige besitzt – und seine ganze Aufmerksamkeit, Zeit und Liebe einer Frau zu schenken, die zu arm ist, um noch einen weiteren Arzt bezahlen zu können.

Jesus bleibt stehen und ruft sie aus der Menge heraus. Und damit würdigt er ihr Leid. Sie ist seiner Aufmerksamkeit nicht weniger wert, nur weil ihr Leid vielleicht nicht so dringend oder schwer war wie das von Jairus' Tochter. Jesus vertröstet sie nicht auf später; er hat jetzt nichts Wichtigeres zu tun. Angesichts des möglichen Todes eines anderen Menschen würdigt er ihre Suche nach Heilung und ihren Glauben daran, dass er ihr diese Heilung schenken kann.

Wer sonst außer Jesus bringt die Dinge so zusammen? Wer außer Jesus kann sich gleichzeitig um jemanden mit einem gebrochenen Bein und um den Patienten mit fortgeschrittenem Krebs kümmern? Wer außer Jesus kann sich im selben Moment dem Kind zuwenden, das verhungert, und dem Kind, das über der Trennung der Eltern verzweifelt? Er ist der Einzige, der sieht, dass jeder Schmerz real ist, dass jedes Leid zählt, egal wie die Welt es beurteilen würde. Er ist der Einzige, der unser Leiden würdigen kann – *und es auch tut*.

Der Schmerz der blutenden Frau war berechtigt und der Schöpfer des Universums wusste, welchen Preis ihre Krankheit sie gekostet hatte. Vielleicht waren es nicht gerade akute Schmerzen – der Bibeltext sagt darüber nichts. Ihr Schmerz mag eher die soziale Ächtung gewesen sein, ein Schmerz, den niemand verstand. Oder die Einsamkeit, die zentnerschwer auf ihren Schultern lastete. Es mag der Schmerz der Erschöpfung gewesen sein, der immer wieder enttäuschten Hoffnung auf Heilung; der täglichen Erinnerung daran, dass sie unrein war und „anders" als alle anderen.

Jesus hat meinen Kampf mit Trich gesehen. Er weiß, was er mich gekostet hat. Er weiß, wie sehr es mich auslaugt, dass kein Ende zu erwarten ist. Er versteht, wie sehr die Krankheit an meinem Selbstverständnis nagt, dass ich sein Ebenbild bin; wie sie mich immer wieder fragen lässt, ob er meine Gebete überhaupt hört.

Jesus ignoriert unser Leiden nicht, bloß weil es anders ist als der Schmerz, den ein anderer spürt. Er wendet sich jedem gleichermaßen zu: der jungen Mutter mit einer Wochenbettdepression in einer Millionenvilla ebenso wie der aidskranken Mutter mit einem alkoholkranken Mann in einem Township in Südafrika. Jesus weiß, was jeder von uns durchmacht; er kennt den sehr realen Schmerz und Kummer im Herzen jedes Menschen. Er weiß, dass manchmal die Aussichtslosigkeit unserer Kämpfe an sich schon zu schwer ist, um sie zu ertragen.

Er weiß darum. Und es ist ihm nicht egal. Er ist ein Retter, der für uns da ist, der uns liebt. Er sieht auch Sie und er versteht Ihr Leid. Er kennt den Schmerz, den Sie durchlitten haben, und die Tage, wenn alles aussichtslos erscheint und man kaum den nächsten Schritt tun kann.

> Du zählst alle meine Klagen und sammelst alle meine Tränen in einem Gefäß, ja, du hast jede einzelne in deinem Buch festgehalten.
>
> Psalm 56,9 (NLB)

Gott versteht. Keine einzige Träne übersieht er. Keine. Unser Leid ist für ihn genauso real wie für uns. Er weiß, was es uns abverlangt. Und er möchte uns trösten – mitten im Schmerz.

Falscher Mittelpunkt

Bevor wir zum Ende der Begegnung zwischen Jesus und der blutflüssigen Frau kommen, müssen wir noch etwas über diese Frau verstehen. Sie hat ihr Leid nicht vor sich hergetragen. Sie hat sich damit nicht öffentlich interessant gemacht. Sie hat es im Verborgenen getragen. Und sie wollte nicht einmal, dass ihre Heilung öffentlich werden würde. Sie hat sich an Jesus herangeschlichen und wollte sich dann unbemerkt davonstehlen. Sie hat ihn nicht einmal angesprochen, keine Bitte geäußert. Sie hat sich ihm einfach ohne weitere Erklärung genähert, weil sie glaubte, er könne ihr geben, was sie brauchte. Und er gab es ihr.

Das ist die andere Seite im Leiden dieser Frau. Sie trägt schwer an ihrer Krankheit, aber das beschäftigt sie gar nicht vorrangig, als sie an Jesus herantritt. Es geht ihr mehr darum, in seine Nähe zu kommen, als darum, dass er versteht, wie viel sie gelitten hatte. Ihr Ziel ist einfach Jesus. Ihn will sie erreichen.

Ja, Jesus würdigt unser Leiden; er zählt jede Träne und versteht jeden Schmerz, den wir erleben. Aber trotzdem gilt: Das Leid soll nicht im Zentrum unseres Lebens stehen. Jesus soll im Zentrum stehen. Und jedes Mal, wenn wir die Tatsache, dass er unseren Schmerz ernst nimmt, als Freikarte dafür nehmen, unseren Schmerz zum Wichtigsten zu machen, liegen wir schief.

Ich weiß, dass ich dafür anfällig bin. Schwer zuzugeben, aber wahr. Manchmal fühlt sich die ganze Welt so an, als bestünde sie nur noch aus Schmerz. Dann beherrscht mich ein absurdes Selbstmitleid; ich rede von der Krankheit nur noch als von *meinem* Kampf, *meinem* Kreuz, *meinem* Schmerz. Und wenn ich es zulasse, dann droht Trich Gott von seinem Thron zu vertreiben und selbst die Herrschaft über mein Leben zu übernehmen. Ja, ich habe schon manchmal mein Leid zu einem Götzen gemacht, indem ich ihm den meisten Raum in meinem Denken und in meinem Herzen eingeräumt habe.

Ich weiß nicht, wie oft Michael und ich um diesen Berg Trichotillomanie herumgewandert sind. Immer wieder war ich blind für irgendeinen Weg heraus aus dem Schmerz. Aber eines Abends hat Michael nicht mehr mitgespielt.

„Ich fühle mich so hässlich", flüsterte ich, den Kopf an seiner Brust. „Und ich hasse es, was ich mit mir selbst mache."

Er küsste mich auf den Scheitel. „Du bist nicht hässlich, Ann. Du bist eine schöne Frau und ich liebe dich."

„Aber ich kann es nicht lassen."

Michael legte seine Wange an meinen Kopf und den Arm um meine Schultern.

„Wir beten weiter dafür und tun ansonsten alles, was wir tun können."

Ich konnte nicht auf seine Worte hören; ich wollte es auch nicht. Ich war völlig fokussiert auf meinen Schmerz, mein Verletztsein, meinen Kampf. „Ich habe kaum noch Hoffnung, dass es sich jemals ändert. Das ist schon so viele Jahre nicht geschehen, warum sollte es also überhaupt passieren?"

Michael gab keine Antwort. Er hielt mich einfach fest.

Flüsternd stellte ich die Frage, auf die ich seine Antwort hören musste: „Hast du denn noch Hoffnung für mich?"

Michael schwieg. „Ich glaube daran, dass du geheilt wirst,

Ann. Ich weiß nicht, wann oder wie, aber ja, ich habe Hoffnung für dich. Bei Jesus gibt es immer Hoffnung." Er lehnte sich ein wenig zurück und sah mir direkt in die Augen. Sein Blick war forschend, und als er weitersprach, war seine Stimme entschlossen. „Aber willst du überhaupt geheilt werden?"

„Natürlich!", schoss ich zurück, schärfer, als ich wollte. Er wusste doch, wie verzweifelt ich mich nach Heilung sehnte. Was sollte diese Frage? Ich bekam heiße Ohren. „Diese Frage ist nicht fair."

„Doch, sie ist fair. Denn wenn du wirklich geheilt werden willst, musst du aufhören, so zu denken."

Ich wandte den Blick ab.

„Ich liebe dich, Ann, und in meinen Augen bist du immer schön. Daran hat sich nicht das Geringste geändert. Aber wenn du *dich selbst* mit anderen Augen sehen willst, wenn du wirklich frei werden willst, dann musst du dein Denken ändern. Wenn du dich immer nur um die Gefühle drehst, die diese Krankheit in dir auslöst, hilft dir das nicht. Du musst auf Jesus sehen. Und auf die Wahrheit, die sein Wort dir sagt."

Die Worte trafen, aber irgendwo in den Tiefen meines Schmerzes, die sich im Lauf der Jahre gebildet hatten, fanden sie ein Echo.

„Ob Jesus dich nun heilt oder nicht: Der einzige Weg aus der Misere führt darüber, dass du ihn ins Zentrum stellst. Du kannst doch nicht diese Krankheit über dein Leben bestimmen lassen." Michael unterbrach sich kurz. „Denn wenn du das tust, dann wird sie dich auffressen."

Ich musste meiner Krankheit gar nicht mit Hymnen und Lobliedern huldigen, um sie zum bestimmenden Faktor in meinem Leben zu machen. Es reichte zuzulassen, dass sie Gott aus dem Zentrum meiner Wahrnehmung verdrängt hatte.

Ich atmete tief durch. Eine, zwei Minuten, saß ich schweigend da und ließ Michaels Worte in mir nachklingen. Es brauchte Mut und Demut einzugestehen, dass er recht hatte; und ich brauchte ein paar Momente, um beides zu finden.

„Du hast recht." Ich schwieg. „Ich weiß, du hast recht. Und es tut mir leid."

Die wahre Hauptrolle

Wenn wir anfangen, unseren Schmerz und die Kämpfe, die wir durchmachen, als das Eigentliche in unserem Leben zu sehen, oder wenn wir von Gott verlangen, er müsse uns heilen, und der Wunsch nach Heilung der einzige Grund ist, warum wir eine Beziehung zu ihm unterhalten, dann haben wir unser Leid über Jesus gestellt. Und das geschieht, wenn wir uns nur noch um uns selbst und um unseren Schmerz drehen – egal was für ein Schmerz das im Einzelnen ist.

Es gab Jahre, da habe ich der Trichotillomanie diesen Platz eingeräumt. Nicht dass der Schmerz nicht sehr real gewesen wäre; das war er durchaus. Aber als ich anfing, diesem Schmerz in meinem Denken und in meinem Herzen mehr Gewicht zu geben als Jesus, da bestieg das Leid den Thron. Und damit wurde es zu einem Götzen, den ich anbetete.

Ich drehte mich nur noch um das Leid und damit nur noch um mich selbst.

Aber die Geschichte unseres Lebens war nie so gedacht, dass wir darin die Hauptrolle spielen sollten. Es gibt eine Sonne in unserem Sonnensystem, einen Sohn, um den sich alles andere dreht, und das ist „der helle Morgenstern" (Offenbarung 22,16). Die Geschichte der Welt dreht sich nicht um uns. Sie dreht sich um ihn. Ja, es ist nicht einfach, diese Balance zu halten: dass Jesus unser Leid sieht und anerkennt, ohne das Leid selbst ins Zentrum unserer Aufmerksamkeit rücken zu lassen. Es kann sich anfühlen, als falle man ständig auf der einen oder der anderen Seite vom Pferd. Wie werden wir also der Wirklichkeit unseres Schmerzes gerecht, ohne ihm damit auch die zentrale Rolle in unserem Leben zu überlassen? Wie vermeiden wir es, nur noch um unser Leid zu kreisen?

Ich kenne nur einen einzigen Weg: Wenn wir die ständige Nabelschau vermeiden wollen, müssen wir auf Christus schauen. Auf den, der wie kein anderer weiß, was Leiden ist. Der Prophet Jesaja erklärt:

> Er hat unsere Krankheit getragen und unsere Schmerzen auf sich geladen.
>
> Jesaja 53,4 (EÜ)

Jesus versteht unser Leid nicht nur – er hat es getragen. Er hat es bereits erfahren. Jesus kann unser Leid würdigen, *weil er es mit uns durchlitten hat.* Und deshalb muss unser Augenmerk nicht mehr auf dem Leid liegen, sondern auf dem König, der es getragen und bereits den Preis dafür gezahlt hat. Jemand musste doch für all das Leid bezahlen. Das Leid von Millionen – das Leid der Frau mit den Blutungen, das Leid der Trichotillomanie –, es wurde dafür bezahlt. Jesus kann jedem von uns ganz persönlich begegnen, mit wahrer Liebe und Mitgefühl, weil er jeden von uns kennt.

Die Geschichte der blutflüssigen Frau ist zum einen eine Würdigung ihrer Leidensgeschichte; aber letzten Endes ist es eine Geschichte, die auf Jesus verweist. Er trägt die Narben noch immer – als Erinnerung an sein eigenes Leiden –, aber er ist der Verherrlichte. Und wenn mein eigenes Leid und mein Schmerz den Platz bedrohen, den Christus in meinem Leben haben soll, dann muss ich ganz bewusst meinen Blick auf sein Kreuz richten – und auf das leere Grab. Dann erinnere ich mich wieder: Er hat mehr Leid ertragen als jeder andere Mensch. Der Retter, der mein Leid versteht, hat es selbst durchlebt – und bereits besiegt.

In ihm können auch wir als Sieger leben. Der Sieg mag anders aussehen, als wir dachten; er ist vielleicht heute auch noch nicht endgültig errungen. Aber er ist uns versprochen, denen, die er liebt.

Unser Leid auf dieser Erde ist nicht das Ende der Geschichte. Es gehört dazu, aber es hat nicht das letzte Wort. Das letzte Wort hat Jesus. Und das ist wirklich eine gute Nachricht.

8
Höchst riskant

Sarah musste zu Jesus gelangen.

Sie drängte sich durch die Menge, die linke Hand hielt den Schal, der ihren Kopf verhüllte, unter dem Kinn fest. Die rechte Hand war frei, sie würde sie brauchen, wenn sie tatsächlich bis zu Jesus vordrang.

Zwischen den zusammengedrängten Menschen schlängelte sie sich hindurch, den Blick zu Boden gerichtet, der Gang gebückt. Jetzt war sie von Körpern umringt, nur noch ein paar Schritte entfernt von dem fremden Rabbi. *Jetzt oder nie,* dachte Sarah. *Wenn er mich jetzt nicht heilt, werde ich für den Rest meines Lebens unrein und einsam sein.*

Sie schob die Füße weiter in die Richtung, in der die Menge zu Jesus hindrängte, aber innerlich schien sie plötzlich zu erstarren. Das Risiko, das sie einging, war sehr groß, das wusste sie.[18] Jetzt stieg die Angst in ihr hoch: Sie würde den Rabbi unrein machen und die Folgen dieser Sünde zu tragen haben. Eine Stimme in ihrem Kopf schrie, das hier sei so sinnlos wie alles, was sie sonst schon versucht hatte. All die Heilmittel, die sie getrunken, all die Opfer, die sie gebracht hatte – nichts hatte sich geändert. Warum sollte es diesmal anders sein?

Aber dann hatte sie Jesus gesehen. In seinem Blick lag Mitgefühl – und zugleich eine Stärke, die sie fassungslos machte. Noch nie hatte sie in einem Menschen solche Stärke gesehen.

Vielleicht war er wirklich der Messias. Vielleicht waren die Gerüchte ja wahr.

Vielleicht konnte er sie heilen.

Ja, flüsterte ihr Herz. *Er kann mich heilen.* Die Hoffnung wallte auf und Sarah ließ sich von ihr tragen wie von einer schäumenden Woge im Meer.

Ich glaube daran. Ich glaube, er kann mich heilen.

Sarah schlüpfte an den beiden letzten Männern vorbei, die noch zwischen ihr und Jesus standen. Jetzt war sie direkt hinter ihm. Von allen Seiten wurde sie gestoßen und gedrängt. Ihr war klar: Je länger sie blieb, desto mehr Menschen würden sich an ihr verunreinigen. Sie wussten es vielleicht nicht, aber es blieb trotzdem eine Tatsache. Sarah kämpfte gegen die aufsteigenden Schuldgefühle. *Allein dass ich lebe, gereicht allen anderen zum Schaden.*

Aber sie konnte sich jetzt nicht auf ihr Versagen konzentrieren; ihr blieb nur ein Moment Zeit und sie wusste, was sie tun wollte. Sie sah die Quasten am Saum seines Mantels und rief sich die Worte in Erinnerung, die sie damals in der Synagoge gehört hatte, lange bevor die Blutung begonnen hatte:

Der Herr sprach zu Mose: Rede zu den Israeliten und sag zu ihnen, sie sollen sich Quasten an ihre Kleiderzipfel nähen, von Generation zu Generation, und sollen an den Quasten eine violette Purpurschnur anbringen; sie soll bei euch zur Quaste gehören. Wenn ihr sie seht, werdet ihr euch an alle Gebote des Herrn erinnern, ihr werdet sie halten und eurem Herzen und euren Augen nicht nachgeben, wenn sie euch zur Untreue verleiten wollen.

4. Mose 15,37-39 (EÜ)

Die Quasten: Zeichen für das Gesetz Gottes; Ausweis der Autorität eines Rabbis.[19]

Noch immer hinter Jesus stehend, mitten in der Menge, bückte Sarah sich flink, ließ sich auf die Knie sinken und griff nach der Quaste am Saum seines Mantels.

Einen Atemzug lang hielt sie sie in der Hand – ein paar Fäden feines Garn, die ihre Finger kaum spürten.

Dann ließ sie die Quaste los.

Reglos blieb Sarah auf den Knien, dankbar, dass die Menge weiterdrängte, ohne sie umzustoßen. Und während sie noch am Boden hockte, glitt ihr Schal zu Boden, in den Staub. Sarah spürte es.

Sie wusste es.

Sie war geheilt.

Auch wenn ich es anders wünschte: Dies ist der Punkt, an dem meine Geschichte vom Bericht der Evangelien abweicht. Die Frau mit den Blutungen wird geheilt. Ich bin es nicht. Ich habe noch immer Trichotillomanie.

Tagein, tagaus und länger, als ich gern erinnern möchte, lebe ich jetzt mit dieser Diagnose, dieser Erkrankung. Den Moment mit Jesus, in dem er mich heilt, hat es noch nicht gegeben. Meine Gebete wurden noch nicht so erhört, wie ich es mir erträume.

Jeden Tag kämpfe ich mit Trich, manchmal stündlich. Ich bin eine Frau, die noch immer auf Heilung wartet. Und vielleicht wird es auf dieser Erde auch nie anders. Ich weiß es nicht.

Ich kann nicht von einem Wunder erzählen wie die Frau mit den Blutungen. Ihre Geschichte schenkt mir Hoffnung, aber es ist nicht meine Geschichte. Und daher habe ich mich zwar nicht im wörtlichen Sinn unter eine Menge gemischt, aber dieses Buch ist mein Risiko. Es überhaupt zu schreiben, war ein Risiko. Und wie meine biblische Schwester hat mich die Angst begleitet: Angst, dass jeder, der mit diesem Buch in Berührung kommt, mich anders ansehen wird, skeptischer, vorsichtiger. Wie sie begebe ich mich in die Menge, ohne zu wissen, wie die Sache ausgehen wird.

Ich mache mir Sorgen, ob ich nicht weitere Türen zu Scham und Furcht öffnen werde, indem ich meine Geschichte erzähle – Türen, die ich seit mehr als zwei Jahrzehnten endgültig zu schließen versuche. Um ehrlich zu sein: Als ich den Vertrag für dieses Buch unterschrieb, nachdem ich meine Krankheit so lange geheim gehalten hatte, habe ich mich gefühlt, als hätte ich noch nie im Leben etwas so Riskantes getan.

Glaube buchstabiert sich R-I-S-I-K-O

In den letzten zwanzig Jahren wussten nur wenige Menschen von meinem Kampf mit Trich: meine Familie und ein paar sehr enge Freunde. Ich sprach kaum darüber und wenn, dann nur mit Menschen, die ich schon sehr lange kannte und denen ich vertrauen konnte. Meine Angst hatte mir eingeredet, ich müsse schon jede Menge sozialen Kapitals in einer Beziehung angesammelt haben, bevor ich das Risiko eingehen könnte, über meine Krankheit zu sprechen.

Um dieses Buch zu schreiben, musste ich spiegelverkehrt leben. Ich habe mit dem Schreiben begonnen, ohne zu wissen, ob es je veröffentlicht würde, aber ich schrieb – in der Stille von Bibliotheken, in der Geschäftigkeit von Cafés. Ich versuchte, Herz und Schreibstift auf Gott auszurichten, ihm zu begegnen, während ich zu Papier brachte, welchen Schmerz und wie viel Heilung diese Krankheit für meinen Weg mit ihm bedeutet hat.

Nach ein paar Jahren Schreiben im Verborgenen spürte ich in meinem Herzen einen Impuls von Gott: Es war Zeit, das Buch zur Veröffentlichung anzubieten. Ich zögerte – es würde bedeuten, es an Agenturen und Verlage zu schicken, an lauter Leute, die ich nicht kannte und von denen ich nicht wusste, ob ich ihnen vertrauen konnte. Fremde würden lesen, wie mein Leben aussah, meine Krankheit. Es war riskant, meine Geschichte Menschen in die Hand zu geben, die sie verstanden oder auch nicht, die freundlich reagierten oder auch nicht, die mich für absonderlich halten würden oder auch nicht.

Ich konnte ja nicht Jahrzehnte damit verbringen herauszufinden, ob ein Verlagsteam mein Vertrauen verdiente und es sicher war, ihnen mein Buch zu überlassen. Wenn ich es aus der Hand gab, musste es für sich selbst sprechen. Papier und Tinte würden mir vorausgehen und für mich sprechen; aber ich wusste nicht, wo meine Worte landen würden.

Aber die Worte sind gelandet und ich bekam einen Vertrag – und dann kamen auch die Fragen. „Ein Vertrag für ein Buch? Dein erstes? Wovon handelt es?" Meist erwähnte ich dann die Geschichte der blutflüssigen Frau und ließ meine eigene bewusst unerwähnt. Später, als das Manuskript etwa halb fertig war, zogen wir um und schlugen ein neues Kapitel unseres Lebens auf. Ich lernte viele neue Menschen kennen und natürlich wurde ich gefragt, was ich beruflich mache. Ich musste also ein paar Entscheidungen treffen.

Als ich mich das erste Mal mit der Frau unseres neuen Pastors traf, fragte ich mich, ob das Thema zur Sprache kommen würde. Ja, kam es – schon nach fünf Minuten. Wir saßen in der Innenstadt in einem Café nah am großen Fenster, das auf den Parkplatz hinausging.

Rebekah stellte ihren Latte macchiato auf den Tisch und setzte sich auf ihren Stuhl. Ich war schon ein wenig früher da gewesen und hatte meinen Kaffee bereits vor mir stehen.

„Dein Mann hat mir erzählt, dass du Autorin bist", strahlte sie.

„Ja, das stimmt." Ich zwang mich zu einem Lächeln und ahnte bereits, worauf das hinauslief.

„Worüber schreibst du denn?" Sie hob das Latteglas an die Lippen.

„Tja, also ich schreibe Artikel über den Glauben und wie man Gott mitten im Alltag begegnen kann. Und gerade schreibe ich an einem Buch."

„Ein Buch? Wow! Worüber?"

Ich spielte mit dem Henkel des Pappbechers, bis er sich vom Becher löste.

In diesem Moment musste ich eine schwere Entscheidung treffen: die Wahrheit zu sagen oder sie zu verschweigen. Die meiste Zeit meines Lebens hatte ich diese Frage vermieden und Wege gefunden, mich darum herumzumogeln, über meine Krankheit zu sprechen. Selbst wenn mal die Rede auf mein Buch kam, hatte ich mir alle Mühe gegeben, ausweichend zu antworten.

Aber als ich in diesem Café saß und den abgerissenen Henkel betrachtete, dachte ich: *Wie lange? Wie lange kann ich es geheim halten? Bis das Buch herauskommt und sie es liest?*

Nein. Bei diesem Kaffeetrinken mit Rebekah traf ich eine Entscheidung. *Schluss mit dem Versteckspiel.*

Ich atmete tief durch. „Es ist ein Buch über die Geschichte der blutflüssigen Frau aus der Bibel und über meine eigene Geschichte mit einer Krankheit, die Trichotillomanie heißt. Schon mal davon gehört?"

Rebekah schüttelte den Kopf.

Ich erklärte ihr, was es damit auf sich hat.

Rebekah hatte mich nicht aus den Augen gelassen. „Ann, das hört sich wirklich schlimm an. Es tut mir so leid."

Ich wusste nicht, was ich darauf erwidern sollte.

„Wie lange hast du das schon?", fragte Rebekah dann.

„Seit ich elf war. Es sind jetzt mehr als zwanzig Jahre."

„Ich glaube, ich habe schon mal gehört, dass es so etwas gibt, aber den Namen kannte ich nicht." Ihr Blick war mitfühlend; die gefurchte Stirn signalisierte mir Anteilnahme und Güte.

„Ja, das kann gut sein. Es kommt öfter vor, als man meinen würde."

„Wie machst du das, die beiden Geschichten miteinander zu verbinden?"

Der Knoten in meinem Magen löste sich und mir wurde bewusst, dass ich erwartet hatte, dass sie sich entsetzt zurückziehen würde. Stattdessen begegnete sie mir voller Freundlichkeit und Verständnis. Und ich nahm das an und erzählte ihr von dem Buch und schließlich auch mehr von meiner Geschichte. Als mir die Worte ausgingen, überließ ich ihr das Reden und erfuhr von ihr, wie sie Jahre zuvor zu Jesus gefunden hatte.

Es war eine schöne Begegnung, die mich belebte. Aber ein paar Tage später ertappte ich mich dabei, wie ich mich fragte, was sie jetzt wohl von mir dachte. Hatte ich die Chance verspielt, einen guten ersten Eindruck zu machen – diese Chance, die es kein zweites Mal gibt –, indem ich von meiner Krankheit gesprochen hatte? War ihre Anteilnahme nur gespielt und hatte sie anschließend ihrem Mann erzählt, was für ein seltsames neues Gemeindeglied er jetzt hatte?

Vielleicht finden Sie das albern, aber egal wie lange ich jetzt schon mit der Krankheit lebe, es fühlt sich für mich jedes Mal aufs Neue höchst riskant an, darüber zu sprechen. Jedes Mal wieder. Nachdem ich so lange darüber geschwiegen habe, kommt es mir vor, als breche ich einen ungeschriebenen Pakt, den ich vor Jahren mit mir selbst geschlossen habe, wenn ich die Krankheit ans Licht bringe, sei es im Gespräch oder auf den Seiten eines Buches.

Es ist riskant, anderen zu gestehen, dass es Kaputtes in meinem Leben gibt. Es ist ein Risiko, weil ich keinen Einfluss darauf habe, wie es aufgenommen wird. Ich kann nicht bestimmen, was andere, die meine Geschichte hören, über mich denken und flüsternd oder laut weitersagen. Ich kann nicht verhindern, dass sie mich vielleicht verletzen – mein Herz, meinen Geist oder meinen Ruf.

Aber Risiko gehört untrennbar zum Glauben dazu. Für mich als vorsichtigen Menschen ist das ein Problem. Ich bin kein Typ, der von sich aus darauf käme, Fallschirmspringen oder Bungeejumping oder Gipfeltouren als Vergnügen zu betrachten. Ich bin eher für Bücher und Cafés und Spaziergänge. *Risiko* gehört nicht zu meinen Lieblingsworten. Aber immer wieder einmal stoße ich darauf, dass es Gott wichtig zu sein scheint, dass wir Risiken eingehen.

„Glauben", hat ein Pastor einmal gesagt, „buchstabiert man R-I-S-I-K-O."

Natürlich überlasse ich es der Bibel zu definieren, was Glauben ist. Der Hebräerbrief sagt: „Glaube ist: Feststehen in dem, was man erhofft, Überzeugtsein von Dingen, die man nicht sieht" (11,1; EÜ). Ich verstehe den Bezug zu der Aussage jenes Pastors. Von Dingen überzeugt zu sein, die man nicht sieht, erfordert eine gewisse Risikobereitschaft.

Denken wir an Abraham, der seinen Sohn Isaak auf den Altar legt. An Schadrach, Meschach und Abednego in den Minuten, bevor man sie in den Feuerofen wirft. An Daniel, der am offenen Fenster betet, obwohl er weiß, dass eine Grube voller Löwen auf ihn wartet. An Esther, die vor den König tritt, ohne gerufen worden zu sein, und die weiß, dass sie damit ihren Kopf riskiert. Denken wir an Maria, die Ja sagt zu Gottes Auftrag, den Retter in diese Welt zu gebären; an Josef, der seine schwangere Verlobte zur Frau nimmt, obwohl er weiß, in welchen Ruf er damit gerät. Denken wir an Matthäus, der seinen einträglichen Job als Zolleinnehmer aufgibt, um einem mittellosen Rabbi zu folgen. Und denken wir an Jesus, der für Sünden, die er nicht begangen hat, an einem Kreuz hängt und seinen Schmerz einem Gott entgegenschreit, von dem er sich verlassen fühlt. Sie alle haben etwas *riskiert:* ihre Sicherheit, ihren Ruf und sogar ihr Leben.[20] Weil sie glaubten.

Weil sie ein Leben mit Gott lebten.

Aber Risiken machen Angst. Ich stelle mir vor, dass Abrahams Hand gezittert hat, als er zum Messer griff, und dass Daniel weiche Knie hatte, als er die Löwen sah. Maria war sicher besorgt, was ihre Familie – und das Dorf – denken würden, wenn ihr Leib sich rundete. Und Jesus war in Gethsemane, als er wusste, was ihn erwartete, so voller Angst, dass er Blut geschwitzt hat. Und doch hielten er und diese Männer und Frauen am Glauben fest. Sie vertrauten darauf, dass der Lohn ihres Glaubens jedes Risiko bei Weitem wert sein würde.

Ein mutiger Schritt

In der Frau mit dem Blutfluss gewinnt dieses Ineinander von Glauben und Risiko Gestalt. Wir kennen heute nichts Vergleichbares, um zu ermessen, welches Risiko sie einging, als sie sich an jenem Tag durch die Menge drängte, um zu Jesus zu gelangen. Aber es war immens.

Für jeden Außenstehenden war sie einfach eine Frau in der Menge, eine Vorübergehende. Aber sie wusste, was dieser Schritt sie kosten konnte und dass sie ein zweifaches Risiko einging: zum einen als Frau und zum anderen als eine Frau, die *unrein* war. Ein Bibelausleger erklärt: Im ersten Jahrhundert erwartete man, dass Frauen sich in der Öffentlichkeit „scheu gaben, nicht wagemutig; dass sie Zurückhaltung zeigten, keine Kühnheit".[21] Mit der Entscheidung, mitten im Gedränge der Menge zu Jesus zu gelangen, hat meine biblische Schwester die Scheu und Zurückhaltung abgelegt, die man von ihr erwartete. Sie hat es gewagt, sich *als Frau* unter die Menge zu mischen, und war kühn genug, sich Jesus zu nahen – ein großes Risiko.

Das Risiko wurde noch dadurch gesteigert, dass sie das tat, obwohl sie *unrein* war. Wir können wohl kaum ermessen, was das in dem kulturellen Milieu ihrer Zeit bedeutet hat; es kam einem krassen Bruch des Gesetzes gleich. Mit jeder Berührung im Gedränge der Menge verunreinigte sie einen anderen Menschen. Sie machte jeden, mit dem sie in Kontakt kam, vor dem Gesetz unheilig, sodass er nicht mehr in den Tempel gehen konnte. Und indem sie Jesus berührte, machte sie einen Rabbi – einen heiligen Mann – unrein in den Augen Gottes. Und nicht nur das – sie tat es auch, ohne dass er davon wusste. Sie muss gewusst haben: Wenn er sie bemerkte und zur Rede stellte, würde sie vor aller Augen verurteilt und gedemütigt werden.[22] Diese Frau, die bereits ihr Vermögen und ihre soziale Position verloren hatte, gefährdete den letzten Rest an Würde, der ihr noch blieb, um Jesus zu begegnen.

Aber sie hatte keine andere Wahl. Alles, was ihr noch blieb, war, dieses Risiko einzugehen.

Und wenn wir ehrlich sind, dann gilt das auch für uns.

Risiken im Glauben

Mein eigenes Warten hat sich nicht sehr riskant angefühlt. Wirkliches Risiko verbinde ich mit echten Großtaten; ich betrachte es als etwas Eindrucksvolles, das Mut und Heroismus erfordert, wie die Frau mit den Blutungen sie bewiesen hat.

Aber mittlerweile hat Gott mich entdecken lassen, dass ich auf meinem Weg mit der Krankheit auch Risiken eingegangen bin – nicht nur deswegen, weil ich keine andere Wahl hatte, sondern aus bewusstem Entschluss. Gott hat mich nicht gezwungen, in diesem verletzlichen Bereich meines Lebens etwas zu riskieren; er hat mich eingeladen, ein Ja dazu zu sagen, zusammen mit ihm Risiken einzugehen. In meinem Warten auf seine heilende Berührung hat vielleicht kaum jemand in meinem Umfeld bemerkt, dass ich Risiken einging. Aber Gott weiß, wie viel diese Schritte mir abverlangt haben, ein ums andere Mal.

Da ist das Risiko, immer wieder um Heilung zu beten – auch dann wenn mein Herz vom langen Warten müde und verletzlich ist.

Und da ist das Risiko, mich immer wieder zu bemühen – darum, meine Hände nicht zu den Wimpern wandern zu lassen, mich auf etwas anderes zu konzentrieren, keine Härchen auszuzupfen, auch dann wenn ich mich ausgelaugt und ohnmächtig fühle.

Niemand sieht diese Risiken – es sind innere Risiken, die ich mit Gott an meiner Seite eingehe, indem ich mich bewusst dafür entscheide, ihm gegenüber offen und empfänglich zu bleiben, auch wenn er meine Gebete nicht so erhört, wie ich es mir wünsche und wie er es könnte.

Das ist die echte und harte Glaubensarbeit für die meisten

von uns – nicht von der Klippe zu springen oder in haiverseuchten Gewässern zu schwimmen, sondern bereit zu sein, unser Herz und unsere Seele ohne Schutz oder Vorwand vor Gott offenzulegen. Und das ist etwas höchst Riskantes.

Es ist riskant, Gott anzuvertrauen, wie es in unserem Herzen aussieht, wenn unsere Wünsche und Träume meilenweit entfernt sind von unserer Realität. Und lassen Sie sich nicht einreden, das sei nicht so. Lassen Sie sich nicht einreden, unsere Begegnung mit Gott müsse immer warm und kuschelig und einfach und eindeutig sein. Das stimmt nicht. Es ist einfach nicht wahr.

Es hat sein Recht, wenn wir zittern. Er ist Gott – der Herr des Universums, der Schöpfer von Himmel und Erde, der, in dessen Augen ganze Völker nur wie ein Tropfen im Eimer sind (vgl. Jesaja 40,15). Und er ist nicht an unsere Vorstellungen oder Zeitpläne oder Forderungen gebunden. Er ist gebunden an Wahrheit und Liebe und Gerechtigkeit und Gnade – an all das, was er selbst ist und was ihn ausmacht.

Warum wohl ist die Frau mit den Blutungen von hinten an Jesus herangetreten? Ich habe keinen Zweifel daran, dass sie Angst hatte, ihn unrein zu machen und den letzten Rest ihres Rufes in aller Öffentlichkeit zu ruinieren. Aber ich stelle mir auch vor, dass sie spürte, dass dieser Jesus Vollmacht besaß. Vielleicht hat sie ihn nicht als den Sohn Gottes erkannt, aber sie wusste sicher, dass hier jemand vor ihr stand, der groß war und Macht besaß – ein Mann, der Aussätzige heilte und Tote auferweckte. Hier war ein Mensch mit einer besonderen Autorität, dem sie sich nur zitternd nähern konnte. Und das war höchst angemessen.

Wenn ich wieder einmal meiner Krankheit unterlegen bin, wenn die Buchseiten wieder voller Wimpern und meine Finger schwarz sind von Wimperntusche, dann finde ich es höchst riskant, Gott noch einmal darum zu bitten, dass er mich heilt. Denn ich weiß, dass er das schon seit zwanzig Jahren von mir hört. Und mein Verstand weiß auch, dass Gott gut ist. Aber wenn seine Antwort bis zum heutigen Tag immer Nein lautet und ich mich entscheide, trotzdem wieder zu ihm zu gehen, dann fühle ich mich schutzlos vor ihm, manchmal verzweifelt – und manchmal sehr töricht.

Ich spüre Emotionen, die ich nicht spüren will; ich komme zu ihm als Bettlerin, die seine Hilfe braucht. Ich komme zu ihm wie eine Dienerin zu ihrem Herrn, die den Schlüssel zu einer Tür braucht, die sie nicht allein aufschließen kann. Ich komme zu ihm in dem Wissen, dass seine Antwort wieder lauten kann: *Nein* oder *Noch nicht*. Und dieses Risiko ist für mich immens und manchmal fast nicht zu ertragen.

Manchmal wird es so unerträglich, dass ich nah dran bin aufzugeben. An solchen Tagen bete ich nicht um Heilung, ich versuche, überhaupt nicht an meine Krankheit zu denken. Ich höre auf, dagegen anzukämpfen. Denn im Risiko liegt eine Gefahr: die Gefahr, dass uns das Herz gebrochen wird, dass unser Leib zu Schaden kommt, dass unsere Beziehungen zerbrechen, unser Wohlergehen uns genommen wird. Immer wenn wir etwas riskieren – sei es Gott gegenüber oder Menschen gegenüber –, kann es passieren, dass das Leben nicht so läuft, wie wir gehofft hatten. Der Mensch, den ich liebe, erwidert meine Liebe nicht. Die Bergtour endet mit einem Absturz. Das schwierige Gespräch führt zum Abbruch einer Beziehung. Meine Finanzinvestition schlägt fehl. Ich riskiere es, dass Gott mein Gebet um Heilung immer aufs Neue mit Nein beantwortet, dass ich die Heilung, die ich ersehne, nie erfahre. Das ist das Risiko, das wir eingehen, wenn wir warten – ob wir nun auf etwas warten, das wir in Händen halten können, oder auf etwas, wonach unsere Seele sich verzehrt.

Aber eine Entscheidung bleibt uns: die Entscheidung, es immer wieder zu riskieren. Im Grunde genommen ist das Risiko die einzige Wahl, die wir tatsächlich haben. „Das Risiko ist in den Stoff unseres endlichen Lebens hineingewoben"[23], schreibt ein Theologe, denn niemand von uns kann in die Zukunft sehen. Anders als Gott, der alles weiß und alles sieht, wissen und sehen wir nur sehr wenig von dem, was vor uns liegt. Die Zukunft ist für uns geheimnisvoll und verschlossen, wie ein Code, den wir noch nicht lesen können, eine Tür, an deren Klinke wir nicht heranreichen. Und weil wir nicht wissen, was kommt und wie sich unsere Entscheidungen auswirken werden, riskieren wir ständig etwas. Wir sind immer dabei, unsere Hoffnung auf einen nicht vorhersehbaren Ausgang zu setzen.

Der bereits zitierte Theologe bietet uns noch eine herausfordernde Wahrheit: „Es gibt so viele unbekannte Faktoren … Der einzige Weg nach vorn ist das Risiko."[24] Das Risiko *ist* der einzige Weg nach vorn, sogar – und vielleicht besonders – dann, wenn das bedeutet, immer wieder Gott gegenüber unser Herz zu riskieren; das Risiko einzugehen, ihm all unsere Wünsche und Bitten offenzulegen, ohne zu wissen, was passieren wird. Das ist beängstigend. Das Territorium des Herzens ist tückisch.

Aber das Gegenteil wäre noch schlimmer. Denn wenn wir uns lähmen lassen und uns weigern, das Risiko einzugehen, Gott gegenüber empfänglich und bedürftig zu sein, dann setzen wir etwas anderes aufs Spiel – etwas, das noch kostbarer ist als das Ja, das wir uns von ihm wünschen. Wenn wir unser Herz vor Gott verschließen, dann verpassen wir jede Chance auf Nähe und Intimität – in der Beziehung zu ihm oder auch zu anderen Menschen.

Der Segen des Risikos

Dieses Buch zu schreiben hat mich gezwungen, mit mehr Menschen über meine Krankheit zu sprechen, als ich mir je hätte vorstellen können. Das war ein Risiko, aber es lag ein Segen darin. Denn ich habe dadurch eine unerwartete Freiheit gewonnen.

Wenn Freunde und Bekannte mich nach diesem Buch fragten und ich nur schluckte und ehrlich Antwort gab, erntete ich immer wieder kopfnickendes Verständnis. Wo ich irritierte Blicke erwartet hatte oder dass Menschen abgestoßen und peinlich berührt das Gesprächsthema wechseln würden, brach die Gnade in mein Leben durch. Manche Menschen gaben mir Anteil an ihren eigenen Kämpfen, erzählten von den Dingen in ihrem Leben, wo sie schon Jahre oder Jahrzehnte auf Gottes Eingreifen warteten. Mehr als einmal gestand mir jemand, er leide auch an Trichotillomanie – und habe noch nie mit jemandem darüber gesprochen, der es verstehen konnte.

Diese Augenblicke haben mir ein überraschendes Geschenk gemacht: die Entdeckung, dass Menschen mich an ihren Kämpfen teilnehmen lassen, wenn ich es riskiere, ihnen an meinen Anteil zu geben. Und diese Intimität – diese menschliche Verbundenheit mitten im Schmerz – ist ein großer Segen.

Schmerz, den wir teilen, so habe ich erfahren, führt uns nicht in Verzweiflung oder Selbstmitleid. Schmerz, den wir teilen, führt dazu, dass wir auch die Hoffnung teilen. Verletzlichkeit erlaubt mir, meine Freundin zu sehen, wie sie ist: ein Mensch, der darauf wartet, Gottes Handeln im eigenen Leben zu sehen. In diesem heiligen Raum des Vertrauens sehe ich eine Mutter, die sich wie ich an Christus und seine Verheißungen für ihr Kind klammert. Ich sehe einen Menschen, der wie ich sein Vertrauen darauf setzt, dass Gott in der Geschichte seines Lebens handelt.

Und wenn all diese Menschen immer noch warten und festhalten und vertrauen und wenn sie sich nach so vielen unerhörten Gebeten immer noch an Jesus wenden, dann, ja, dann kann ich das auch tun. Ihre Geschichten machen mir Mut – und meine Geschichte ihnen umgekehrt auch. Wir können die Hoffnung teilen. Wir können das Vertrauen teilen. Wir können das Geschenk der Gegenwart Gottes und seiner Liebe teilen, mitten in unserem unperfekten und brüchigen Leben. Und das ist Gnade in ihrem tiefsten Sinn.

Was zwanzig Jahre lang für mich zu riskant war – mich zu öffnen, meine Schwächen einzugestehen, Anteil zu geben an meiner Scham, meinen Kämpfen und Schwierigkeiten –, gerade das ist zum Wurzelgrund für sehr bereichernde Verbindungen zu wichtigen Menschen in meinem Leben geworden.

Dieser Ort des Risikos ist zu einem Ort tiefer Verbundenheit mit Gott geworden.

Gott erkennen durch Risiken

Wenn wir wirklich leben wollen, müssen wir Risiken eingehen. Ja, Risiken haben eine negative Seite – wir können verletzt werden. Aber die Wahrheit ist: Risiken bergen auch Möglichkeiten. Denn wenn wir keine Risiken eingehen, wird sich in unserem Leben kaum etwas von dem ereignen, worauf es wirklich ankommt. Wenn wir niemals einem anderen unsere Liebe gestehen, erfahren wir vielleicht nie, dass sie auf Gegenseitigkeit beruht. Wenn wir nie einen Berg besteigen, werden wir auch nie einen Sonnenuntergang mit Alpenglühen erleben. Wenn wir nie ein schwieriges Gespräch anfangen, erleben wir vielleicht auch nie tiefe Freundschaft.

Und wenn wir in unserer Beziehung mit Gott nichts riskieren – und sei es nur auf diese unsichtbare Weise, einfach immer wieder zu vertrauen, immer wieder zu hoffen, immer wieder zu bitten –, dann erfahren wir vielleicht nicht, wie tief seine Güte und seine Gegenwart in unserem Leben sein können. Wenn ich vor Gott verletzlich bin, habe ich die Chance, seine Freundlichkeit und Liebe umso tiefer zu erfahren. Denn diese Eigenschaften lernt man sonst nicht kennen. Echte Liebe verlangt Verletzlichkeit.

Die Wahrheit ist: Wer Gott kennenlernen will, muss sein Herz riskieren. Das wissen wir, weil wir das beste Beispiel dafür kennen, was es heißt, offen und verletzlich vor Gott dem Vater zu leben: Jesus selbst. Er hat seinen Thron verlassen, ist einer von uns geworden, ein Mensch aus Fleisch und Blut. Er kam und riskierte es, dass sein Volk ihn lieben oder verwunden würde. Und er wurde geliebt und verwundet. Seine Liebe zu uns hat ihn verletzlich gemacht. Und seine Verletzlichkeit führte schließlich dazu, dass er gefoltert und getötet wurde und den Preis für Sünden zahlte, die er nicht begangen hatte. Es war nicht das, was er wollte; Jesus kannte das Risiko, das er einging, und als er es kommen sah, war er zutiefst betrübt. Er offenbarte Gott sein Herz und bat um einen anderen Weg – einen Weg, der ihm das Kreuz und den Schmerz und das Leiden ersparen würde:

Jesus kam nun mit seinen Jüngern an eine Stelle am Ölberg, die Getsemane genannt wird. Dort sagte er zu ihnen: „Setzt euch hier und wartet! Ich gehe noch ein Stück weiter, um zu beten." Petrus jedoch und die beiden Söhne des Zebedäus

nahm er mit. Traurigkeit und Angst wollten ihn überwälti-
gen, und er sagte zu ihnen: „Meine Seele ist zu Tode betrübt.
Bleibt hier und wacht mit mir! Er selbst ging noch ein paar
Schritte weiter, warf sich zu Boden, mit dem Gesicht zur
Erde, und betete: „Mein Vater, wenn es möglich ist, lass diesen bitteren Kelch an mir vorübergehen! Aber nicht wie ich
will, sondern wie du willst."

Matthäus 26,36-39 (NGÜ)

Noch zwei weitere Male betet Jesus so zu Gott; der Schweiß
läuft ihm über die Wangen wie Blut, während er Gott anfleht,
ihm das Kreuz zu ersparen. Stellen wir uns das genau vor: Jesus, unser starker Erlöser, fleht seinen Vater an; er ist unter so
großem Druck, dass Adern auf seiner Stirn platzen und ihm
das Blut übers Gesicht läuft. Der, der Meteore ans Firmament
setzte, liegt auf den Knien im Staub und fleht um Gnade.

Gab es jemals ein größeres Risiko?

Und mitten darin, im größten Risiko, das er eingeht – in
dem er sein Leben und seine Verbindung mit seinem Vater
aufs Spiel setzt –, hält er fest an seinem Vertrauen auf Gott.
Und obwohl Gottes Antwort auf seine Bitte ein Nein ist –
wohl das härteste Nein, das ein Mensch jemals zur Antwort
erhielt –, hält Jesus daran fest, seine Hoffnung auf Gott zu
setzen. Er hält fest an seinem Ja zu Gott – und indem er das
tut, besiegt er den Tod und das Grab. Weil er dieses Risiko
einging, ist sein Name der Name, vor dem sich jedes Knie
beugen und den alle Zungen bekennen werden (s. Philip-
per 2,10-11).

Jesus zeigt uns, wie notwendig es ist, dass wir Risiken eingehen. Er zeigt uns, dass wir Menschen sein müssen, die ihr
Herz vor Gott riskieren. Wir mögen Gott unter Tränen bit-

ten, unsere Situation zu verändern oder unseren Körper zu heilen oder eine Beziehung gelingen zu lassen – und in alldem müssen wir Menschen sein, die ihm immer wieder ihr Herz ausschütten.

Auch die Frau mit den Blutungen zeigt uns, wie wichtig es ist, etwas zu riskieren. Sie fordert mich heraus und sie macht mir Mut; sie hat alles aufs Spiel gesetzt. Ja, ich wünsche mir auch eine Heilung, wie sie sie erlebt hat, natürlich; aber ich wünsche mir vor allem ihren Glauben. Ich wünsche mir ihre Kühnheit und ihre Freiheit, für eine Begegnung mit Jesus alles zu riskieren.

Denn was bleibt mir sonst? Da geht es mir wie ihr. Jesus ist meine einzige Hoffnung. Kein Arzt kann mich heilen. Es gibt keine Therapie. Nur eine Berührung von ihm kann mich von meiner Krankheit befreien.

Wie kann ich also an meinem Glauben festhalten? Wie sage ich weiter und immer wieder Ja zu Gott, obwohl es für diesen Schmerz in meinem Leben noch kein Happy End gibt?

Es scheint, ich muss weiterhin bereit sein, etwas zu riskieren. Ich muss die Schritte auf Gott zugehen, die ich gehen kann. Ich muss auf seine Güte setzen, auf seine Treue und Freundlichkeit, darauf, dass es auch sein Wunsch ist, dass ich gesund werde. Das sind Risiken, die vielleicht in den Augen anderer nicht sehr groß sind – für meine Umwelt bin ich vielleicht nicht mehr als eben eine Frau in der Menge. Aber für mich sind diese Risiken immens. Und ich gehe sie immer wieder ein, indem ich nicht aufhöre, um Heilung zu beten. Indem ich immer weiterhoffe, dass ich geheilt werden kann. Ich riskiere mein Herz vor Jesus, denn ich möchte ihm begegnen, wie meine biblische Schwester ihm begegnet ist.

Immer wieder riskiere ich es, um Heilung zu beten. Obwohl ich es schon tausendmal getan habe – ich werde es wieder tun. Ich werde es riskieren, ihm gegenüber verletzlich zu sein. Immer wieder.

Immer wieder werde ich es riskieren, meine Familie und meine Freunde zu bitten, für mich zu beten. Zu sagen, dass ich Hilfe brauche. Ich werde riskieren, dass sie mich für schwach halten.

Immer wieder werde ich riskieren, meine Geschichte mit anderen zu teilen und Rat und Hoffnung anzubieten, wenn ich kann. Ich werde es riskieren, selbst als unnormal und kaputt zu gelten, damit ich andere – und auch mich selbst – auf Jesus verweisen kann.

Und auf diese Weise, durch die kleinen, unscheinbaren Dinge, durch den Glauben, der mit jedem kleinen Risiko wächst, lerne ich, „festzustehen in dem, was man erhofft, und überzeugt zu sein von Dingen, die man nicht sieht".

Ich will dabei bleiben, mich immer wieder für den Glauben zu entscheiden und für das Risiko, das er beinhaltet. Weil die Frau mit dem Blutfluss Jesus mitten im Risiko begegnet ist. Und Abraham und Daniel und Maria und Matthäus – sie alle haben ihn darin gefunden. Als sie etwas riskierten, ist Gott ihnen genau dort begegnet, wo sie ihn brauchten.

Ich möchte Jesus da begegnen, wo ich kaputt bin. Ich habe es nötig, ihm dort zu begegnen. Ich weiß, dass er gut ist. Und ich weiß, dass er mich hört. Und darum bleibe ich dabei: Ich riskiere mein Herz für ihn, auf jede mögliche Weise.

9

An meiner Seite

„Wer hat mich berührt?" Die Stimme erhob sich aus der Menge.

Entsetzt sah Sarah, wie der Rabbi stehen blieb. Er war doch in Eile, das wusste sie. Was hielt ihn jetzt auf?

„Wer hat mich berührt?", wiederholte er seine Frage.

Sarah war aufgesprungen und versuchte, sich in der Menge zu verbergen. Wenn sie sich nicht rührte, würde der Rabbi sie vielleicht nicht sehen. *Woher wusste er es?* Es war nur ein kurzer Moment gewesen, die Berührung leicht wie ein Windhauch. Das konnte er doch in all dem Gedränge unmöglich gespürt haben.

Aber die Stimme des Rabbis übertönte das Gemurmel der Menge. „Wer war es, der mich angerührt hat?" Das klang nicht fordernd; Sarah hörte an seinem Tonfall, dass er nicht zornig war. Es klang eher wie eine Einladung. „Jemand hat mich berührt, denn ich spüre, dass Kraft von mir ausgegangen ist."

Sarah dachte fieberhaft nach. Wie kann ich am schnellsten von hier verschwinden? *Ich muss rennen. Wenn ich schnell weg bin, wird niemand wissen, dass ich es war.* Sie legte sich den Schal um den Kopf und ballte die Faust um den Stoffballen im Nacken. Dann schlug sie die Augen nieder, bereit zu flüchten.

Doch der Rabbi kam direkt auf sie zu. „Wer hat mein Gewand berührt?" Seine Stimme war fest wie ein Ruder auf ruhiger See.

Nur wenige Schritte vor ihr blieb Jesus stehen. Sarah spürte seinen Blick auf sich ruhen, aber sie hielt ihr Gesicht mit ihren Tränen gesenkt. Weglaufen konnte sie jetzt nicht mehr. *Er weiß, dass ich es war.*

Sie begann zu zittern. Nun würde sie doch noch aus Scham sterben, obwohl sie jetzt von der Blutung geheilt war.

Sie sank auf die Knie und wappnete sich für das, was kommen würde: Hohn und Spott, die Verachtung, die sie verdiente, weil sie als Unreine einen heiligen Mann berührt hatte.

Als er schwieg, wagte sie es aufzuschauen.

Der Blick, der sie traf, war voller Wärme. Seine Miene zeigte keinen Zorn, keine Verurteilung.

Stattdessen las sie darin ... Güte.

Etwas löste sich in ihrer Brust. Auf einmal fühlte Sarah sich sicher, fühlte sich in ihrem eigenen Körper und ihrem eigenen Geist zu Hause. Ja, hier vor diesem Rabbi Jesus spürte sie keine Angst mehr – nicht vor ihm, nicht vor der Menge, die hinter ihm heranflutete wie Wasser, das durch ein trockenes Flussbett schießt.

Hier, auf den Knien im Staub der Straße, traf Sarah eine Entscheidung. Sie würde dem Rabbi alles erzählen. Zum ersten Mal in ihrem Leben kümmerte es sie nicht, was alle anderen dachten. Das Einzige, was sie kümmerte, war, was Jesus dachte. Und sie wollte, dass er die Wahrheit erfuhr.

Sarah wusste, dass sie einem Mann nicht in die Augen sehen sollte. Aber sie konnte ihren Blick einfach nicht abwenden. Als sie schließlich sprach, war ihr die Stimme, die von ihren Lippen aufklang, so fremd, als hätte sie sie noch nie gehört. „Rabbi, seit zwölf Jahren leide ich an Blutungen. Ich war bei Ärzten und bei Hebammen, ich habe Opfer dargebracht und Hunderte von Gebeten gesprochen. Ich habe alles getan, was man mir geraten hat. Aber niemand konnte mich heilen."

Die ganze Last dieser Jahre floss ihr von den Lippen, ein einziges Gewirr aus Erinnerung und Kummer, das wie ein Sturzbach aus ihr herausströmte. „Das Vermögen und meine ganze Mitgift habe ich für die Ärzte ausgegeben, für Arzneien, die nicht geholfen haben. Meine Jugend habe ich im Dunkel meines Elternhauses verbracht. Ich war ..." – Sarah versagte die Stimme – „ich war so einsam. Ich hatte schon fast jede Hoffnung verloren, jemals geheilt zu werden."

Einer der Männer neben Jesus ergriff das Wort. „Rabbi, Jairus' Tochter ..."

Jesus hob die Hand, damit der Sprecher schwieg. Sein Blick ruhte weiter auf Sarah. Er nickte ihr zu, ein freundliches Lächeln auf den Lippen.

Sarah fuhr fort. Sie konnte nicht schweigen, nicht jetzt. „Ich habe gehört, dass du sogar Aussätzige geheilt hast, und ich begann zu hoffen, du könntest auch mich heilen. Aber ich wusste, dass ich dich ..." Sarah schloss die Augen; sie hatte Mühe, die Worte laut auszusprechen. „Rabbi, ich wusste, ich würde dich unrein machen." Sie starrte vor sich auf den Boden. „Es tut mir so leid, Rabbi."

Jesus regte sich noch immer nicht; nur seine Jünger waren offensichtlich aufgebracht. Von hinten aus der Menge erklangen ärgerliche Stimmen, zornige Rufe. Aber Jesus wartete, dass Sarah weitersprach.

„Ich habe nur den Saum deines Mantels berührt – und ich war geheilt. Auf der Stelle. Ich spüre es in meinem ganzen Körper. Ich bin wieder gesund." Tränen liefen ihr über die Wangen und fielen in den Staub. „Rabbi, du hast mich geheilt. Ich danke dir."

Es ist der Moment im Leben der Frau mit dem Blutfluss, der ihre ganze Geschichte auf den Kopf stellt: Sie ist geheilt. Augenblicklich, vollständig, vorbehaltlos – sie wird umfassend wiederhergestellt.

> Die Frau drängte sich von hinten an Jesus heran und berührte den Saum seines Gewandes. Im selben Augenblick hörten die Blutungen auf. „Wer hat mich berührt?", fragte Jesus. Alle beteuerten, sie seien es nicht gewesen, und Petrus meinte: „Meister, die Leute drängen sich ja von allen Seiten um dich herum!" Doch Jesus beharrte darauf: „Irgendjemand hat mich berührt; ich habe gespürt, dass eine Kraft von mir ausgegangen ist." Der Frau war jetzt klar, dass sie nicht unbemerkt geblieben war. Zitternd trat sie vor und warf sich vor Jesus nieder. Dann erzählte sie vor allen Leuten, warum sie ihn berührt hatte und wie sie im selben Augenblick geheilt worden war.
>
> Lukas 8,44-47 (NGÜ)

Meine biblische Schwester hat eine neue Chance für ihr Leben bekommen. Eine Berührung von Jesus – und sie war geheilt. Aber ihre Geschichte wird nicht zu meiner Geschichte, auch wenn ich sie noch so oft lese.

Ich kann meine Geschichte nicht fein säuberlich abschließen. Ich kann die Tatsache nicht ausblenden, dass ich noch immer mit meiner Krankheit kämpfe. Die Geschichten, die ich üblicherweise in der Kirche höre, die ich in Büchern und Zeitschriften lese, enden in der Regel mit dem Höhepunkt: der Heilung. Wie bei der Frau mit den Blutungen. Da hat jemand Hoffnung und Glauben und schließlich gibt es eine Heilung. Das sind die Geschichten, die wir lieben – und von denen wir hoffen, dass wir sie einmal auch über uns selbst erzählen können.

Ich kann das nicht. Jedenfalls heute noch nicht. Ich habe Hoffnung, gewiss, und ich habe auch Glauben. Aber ich habe noch keine Heilung erlebt. Ich kann nicht nach dem Saum greifen, den meine biblische Schwester berühren konnte. Sie hat die Gnade erfahren, geheilt zu werden; Gnade im Übermaß und voll Erbarmen.

Und ich sage heute: Für mich ist es Gnade, dass ich nicht geheilt bin.

Die Gegenwart des Vaters

Nicht, dass ich nicht geheilt werden möchte; ich sehne mich jeden Tag danach, diesen Kampf mit der Krankheit hinter mir lassen zu können. Aber dennoch erfahre ich Gnade.

Als ich vier Jahre alt war, habe ich mir den Arm gebrochen. Ich kann mich noch genau erinnern, wie stechend der Schmerz war, obwohl es fünfundzwanzig Jahre her ist – dieses bebende Brennen, das mir durch den Arm schoss, als die Knochen splitterten. Es war meine erste wirkliche Erfahrung von physischem Schmerz und sie hat sich tief in meine Erinnerung eingegraben.

Ich war mit meinen Eltern über Weihnachten bei Verwandten in Michigan. Cousins, Cousinen, Onkel und Tanten trafen sich in einem Haus zum Spielen, Reden und Feiern. Großvater hatte im Keller einen Billardtisch und wir Kinder spielten mit den Billardkugeln und erfanden Regeln für Spiele, die mit Billard nicht viel zu tun hatten. Irgendwie saß ich dann plötzlich mitten auf dem Billardtisch und schoss die bunten Bälle in alle Richtungen, fasziniert von der wirbelnden Schnelligkeit und dem leisen Klicken, wenn die Kugeln an die Ränder stießen.

Das Nächste, woran ich mich erinnere, ist der Schmerz. Ich war rückwärts und seitlich vom Tisch gefallen und der Ellenbogen hatte die Wucht des Falls abbekommen. Ich schrie; jemand holte meine Mutter. Sie trug mich nach oben und wir warteten.

Wir warteten, weil mein Vater gerade einkaufen war, und zwar mit dem einzigen vierrädrigen Vehikel, das den neun Erwachsenen im Haus zur Verfügung stand. Draußen tobte ein Schneesturm und meine Mutter wusste, dass es Wahnsinn gewesen wäre, mich bei diesem Wetter ohne Auto ins Krankenhaus zu bringen. Das war lange, bevor es Handys gab, und wir konnten nur abwarten, bis mein Vater zurückkam.

Der Schmerz war so stark, dass ich immer wieder in Ohnmacht fiel. Heute bin ich überzeugt, dass mein Dad bestimmt kaum eine Stunde weggewesen ist. Aber als ich damals dort auf der Couch lag, fühlte es sich an wie eine Ewigkeit. Alles tat mir weh. Ich wollte nichts anderes, als dass Dad zurückkam, um mir zu helfen. Ich wollte, dass er bei mir war.

Schließlich ging die Haustür und er erschien, schneebedeckt, und meine Mutter berichtete, was passiert war. Mein Vater, der ja Arzt ist, warf einen Blick auf meinen Arm, verfrachtete uns ohne ein weiteres Wort ins Auto und schaltete die Scheinwerfer ein. An die Fahrt erinnere ich mich kaum, nur daran, dass es dunkel war und schneite. In der Notaufnahme erledigten wir die Formalitäten und dann wartete ich mit meinen Eltern in einem weißen Raum.

Meine Mom versuchte mich damit abzulenken, dass ich Gegensatzwörter finden musste.

Das Gegenteil von weich? *Hart.*

Das Gegenteil von heiß? *Kalt.*

Das Gegenteil von hoch? *Niedrig.*

Wir warteten und warteten. Wir lasen ein paar Kinderbücher, die es in dem winzigen Raum gab. Ich riet noch ein paar Gegensatzwörter. Ich weinte. Mein Dad hielt mich im Arm. Kinder haben noch kein genaues Zeitempfinden und ich fühlte mich, als hinge ich in einer Zeitschleife fest. Vielleicht würde ich ewig hier warten. Mit diesem Pochen und Stechen im Arm.

Endlich erschien ein Arzt und ordnete eine Röntgenaufnahme an. Mein Dad kam mit mir in die Röntgenkabine. Damals verstand ich zwar nicht, was vorging, aber heute weiß ich, warum er mich begleiten durfte. Für die Röntgenaufnahme musste die Assistentin meinen Arm über meinen Kopf heben und flach auf den Untersuchungstisch legen. Der Schmerz war höllisch, noch viel schlimmer als bei meinem Sturz. Mein Vater hielt meinen kleinen Körper auf dem Tisch fest, während ich in Schluchzen ausbrach. Er sagte mir, wie lieb er mich hatte und dass er auf jeden Fall hier bei mir bleiben würde.

Das Röntgenbild bestätigte, was mein Vater schon vermutet hatte: eine Ellenbogenfraktur. Ich brauchte einen Gips, ein paar Wochen Ruhe und danach etliche Wochen Physiotherapie. Und das bekam ich auch: einen Gips, der schwerer war als ein Kübel Steine, ein paar Wochen Ruhe und anschließend Krankengymnastik. Und aus der geplanten Bowling-Party zu meinem fünften Geburtstag wurde nichts. Ich konnte ja meinen Arm nicht gebrauchen.

Was ich außerdem noch bekam, war ein völlig geheilter Ellenbogen, Gott sei Dank. Nach den sechs Wochen im Gips habe ich mit dem Arm nie wieder Probleme gehabt und bis heute funktioniert er genauso gut wie der andere.

Ich habe an diese Geschichte noch viele deutliche Erinnerungen: an den Schmerz und daran, wie schwer der Gips war. Daran, dass ich mit einem Müllbeutel um den Arm badete. Daran, wie empfindlich der Arm war, als der Gips nach Wochen abkam. Aber aus all den einzelnen Erinnerungen aus dieser Zeit sticht eine hervor: wie sehr sich alles dabei um meinen Vater drehte.

Meine Mutter war ja die ganze Zeit bei mir gewesen, hatte mich beruhigt, umarmt, für mich gebetet, mir übers Haar gestrichen. Und doch spielt in meiner Erinnerung mein Vater die Hauptrolle. Ich habe auf ihn gewartet und ich wollte, dass er die ganze Nacht bei mir blieb. Dad wusste immer, was zu tun war.

Nach meinem Sturz wartete ich darauf, dass er nach Hause kam. Wir warteten darauf, dass er sich meinen Arm ansah und entschied, was man tun musste. Wir warteten, dass er das Auto durch den heftigen Schneesturm steuerte. Und als mir weitere Qual bevorstand, war es mein Vater, der mich trug und festhielt; er war es, der mich tröstete und dafür sorgte, dass ich nicht allein in einem dunklen Raum mit lauter Fremden sein musste. Mein Vater konnte mir den Schmerz nicht nehmen – obwohl ich mir das verzweifelt wünschte –, aber er war *in* diesem Schmerz bei mir. Er war der, auf den ich wartete, und er war es, der in dem ganzen Prozess an meiner Seite blieb. Er konnte mich zwar nicht mit einem Fingerschnippen gesund machen, aber er konnte dafür sorgen, dass ich nicht allein war.

Und das ist für mich Gnade: die Gnade eines Vaters, der nicht von meiner Seite wich. Die Gnade eines Vaters, der meine Sache vertrat und dafür sorgte, dass ich die richtige Behandlung bekam. Die Gnade eines Vaters, der mich zu meinem fünften Geburtstag mit einem Eis darüber hinwegtröstete, dass wir nicht zum Bowling gehen konnten. Er blieb die ganze Zeit über bei mir.

Das ist Gnade.

Und diese Gnade erfahre ich auch von Gott, mitten in meinem Kampf gegen die Trichotillomanie. Ich bin noch nicht geheilt, aber er hüllt mich in seine Liebe ein wie in einen schützenden Gipsverband. Er war bei mir und hat mich nie verlassen. Ja, es gibt Zeiten, in denen ich mich allein fühlte, in denen ich zornig und enttäuscht war. Aber Gott ist ein guter Vater und er hat mich durch allen Schmerz und alles Leid begleitet, das diese Krankheit in mein Leben gebracht hat. Und immer wieder lässt er mich wissen, dass er mich liebt und nie verlassen wird.

Die Gnade, die ich erlebe, ist nicht die Gnade der Heilung. Es ist die Gnade seiner Gegenwart.

Eine größere Gnade

Die Frau mit den Blutungen erfuhr die Gnade der Gegenwart Jesu aus erster Hand. Sie begegnete ihm im Staub einer galiläischen Straße – und zwar genau genommen zweimal. Sie berührte ihn und erfuhr die Gnade, dass seine Macht sie durchströmte und heilte. Und sie erfuhr darüber hinaus die Gnade, dass er sie ansah und sie ihm ihre Geschichte erzählen konnte. Und damit empfing sie zum zweiten Mal die Gnade seiner Gegenwart.

Als Jesus spürte, dass eine Kraft von ihm ausging, hätte er das ignorieren und seinen Weg zu Jairus' Haus fortsetzen können. Schließlich lag dort ein Kind im Sterben. Aber mitten im Gedränge und Geschiebe einer dichten Menschenmenge hat er eine Berührung gespürt, die anders war – die Berührung der blutenden Frau. Sie war mit dem Glauben gekommen, dass er sie heilen konnte, und als sie in diesem Vertrauen die Hand ausstreckte, übertrug die heilende Kraft Jesu sich auf sie.

Jesus wusste, dass jemand ihn berührt hatte, weil er an ihn

glaubte. Und weil er das wusste, fragte er, wer es gewesen war. Er wollte die Frau, die das gewagt hatte, nicht beschämen oder verurteilen; er wollte ihr seine Gegenwart und seine Annahme anbieten, er wollte ihre Existenz und ihr Leid würdigen. Mitten auf der Straße blieb er stehen, um sich ihr zuzuwenden und ihr das Geschenk anzubieten, das er selbst ist. Und darin erfuhr diese Frau Gnade – in der Begegnung mit Jesus.

Ich habe nicht diese Gnade erlebt.

Ich habe eine größere Gnade erlebt.

Ich bin noch nicht geheilt, aber ich habe die Gnade der Gegenwart Jesu in meinem Leben erlebt. Meine biblische Schwester hat ihr Leben lang – länger als die zwölf Jahre ihrer Krankheit – darauf gewartet, dass sie dem Messias begegnen würde. Ich erlebe jeden Tag, dass Christus im Heiligen Geist in mir lebt.

Was für eine Gnade.

Das ist die große Gnade, die uns geschenkt wird: Wir müssen nicht mehr darauf warten, dass wir einmal im Leben oder einmal im Jahr oder einmal in der Woche eine Begegnung mit Jesus haben. Nein, weil wir an Jesus glauben und ihm unser Leben anvertraut haben, erfahren wir die Gegenwart des Heiligen Geistes in jedem Moment jedes einzelnen Tages. Welche Gnade, dass Gott in uns wohnen will! In unserer Freude und unserem Kummer, in unserem Jubel und unserem Schmerz sind wir nie allein. Die blutende Frau war zwölf Jahre lang in ihrem Warten allein. Selbst mitten in einer Menschenmenge war sie innerlich allein, sie hatte niemanden, der sie in ihrem Leid getröstet hätte. Sie musste warten, ohne den Heiligen Geist zu kennen.

Uns ist eine größere Gnade geschenkt! Hören wir, was Jesus selbst darüber sagt: „Und der Vater wird euch an meiner Stelle einen anderen Helfer geben, der für immer bei euch sein wird; ich werde ihn darum bitten. Er wird euch den Geist der Wahrheit geben, den die Welt nicht bekommen kann, weil sie ihn nicht sieht und nicht kennt. Aber ihr kennt ihn, denn er bleibt bei euch und wird in euch sein" (Johannes 14,16-17).

Ja, ich warte noch immer auf Heilung und Erneuerung. Aber ich bin darin nicht allein. Wir haben jederzeit den Geist Jesu, der in uns lebt. Wir sind keine Waisen; wir sind nicht vaterlos (s. Johannes 14,18). Gott hat versprochen, dass er bei uns ist, jetzt und für immer.

Darum habe ich Grund zur Freude, auch wenn ich nicht geheilt bin. Gott ist bei mir, auch dann, wenn ich kämpfe. Er lebt in mir, auch wenn ich scheitere und mir ein ganz anderes Leben wünsche. Ich bin nicht allein. Sie sind nicht allein. Gott ist bei uns.

Jesus hat mir mehr geschenkt, als ich je zu hoffen gewagt hätte. Er hat sich selbst geschenkt. Und das ist die größere Gnade.

Die eigentliche Heilung

Als die Frau mit dem Blutfluss zu Jesus kam, suchte sie Heilung. Alles, was sie zu diesem Zeitpunkt von ihm wusste, war, dass er ein Heiler war. Vielleicht hat sie davon geträumt, er könnte der Messias sein, auf den ganz Israel wartete; vielleicht hat sie den Gerüchten geglaubt, die sagten, er sei mehr als ein Lehrer. Aber diese Frau konnte nicht wissen, dass dieser wandernde Rabbi in Wahrheit der Gott-Mensch war, vor dem die ganze Schöpfung den Atem anhält, vor dem das All sich beugt. Sie hat nicht mit ganzer Klarheit wissen können, dass Jesus der Herr des Universums ist, der Mensch wurde, um die Welt zu erlösen. Sie ist ihm diesseits des Kreuzes begegnet und hat in ihm das gefunden, was sie in ihm zu finden hoffte – einen Heiler.

Diese Frau, die zwölf Jahre lang unter ihren Blutungen und unter ihrer Isolation gelitten hat, hatte gedacht, eine körperliche Heilung sei das Höchste, was ihr geschehen konnte. Eine körperliche Heilung würde ihr Leben auch in jeder anderen Hinsicht heil machen.

Was sie sich nicht vorstellen konnte, war, dass Jesus eine Heilung anzubieten hat, die viel mehr umfasst als die Heilung des Körpers. Sie konnte nicht ahnen, dass es eine Heilung gibt, die weiter geht, als nur das Blut zu stoppen und ihre Unreinheit zu beenden. Aber sie wusste, wenn Jesus die Blutungen heilen würde, würde sie aus ihrer Isolation wieder ins volle Leben zurückfinden.

Und genau das geschah. Eine einzige Berührung – und diese Frau, die das Gesetz wegen ihrer Krankheit für unrein erklärt hatte, war geheilt. Es war ein Wunder – und zwar aus mehr als einem Grund. Ja, sie war körperlich geheilt. Aber zum ersten Mal seit zwölf Jahren war sie nun auch rein gemäß dem Gesetz Gottes. Unreinheit übertrug sich von einem Menschen auf den anderen. Aber Reinheit ließ sich nicht übertragen. Rein wurde man durch Rituale und Zeichen – durch Waschungen, durch Opfer, indem man sich den Priestern zeigte. Das heißt: Wer unrein war, musste in jedem Fall etwas tun, um wieder rein zu werden oder zu beweisen, dass er es war (siehe 3. Mose 14–15).

Aber hier, mitten auf der staubigen Straße einer Kleinstadt in Israel, geschah ein zweites Wunder. Denn der Rabbi Jesus heilte diese Frau nicht nur; *er übertrug auch seine Reinheit auf sie.* Das hatte noch niemand getan! Noch nie hatte jemand die Macht besessen, so etwas zu tun. Jeder andere wäre durch ihre Berührung unrein geworden. Aber Jesus stellte die Ordnung der Dinge auf den Kopf und machte sie rein. Und zwar ohne dass sie irgendetwas getan hätte, um das zu verdienen. Sie hatte kein Opfer gebracht; sie hatte kein Ritual vollzogen; sie hatte nicht bewiesen, dass sie würdig genug war. Ein Theologe bemerkt: „Der rituelle Status der Frau hat Jesus nicht verändert; sein Status hat *sie* verändert."[25] Ein Wunder!

Was für eine wunderbare Wahrheit nimmt dieser Moment vorweg: Unser Status als Sünder wird durch den Status von Jesus verändert, der das vollkommene, makellose Opfer ist. Denn nicht sehr lange nach dieser Begegnung bietet Jesus allen, die ihn lieben und an ihn glauben, durch seinen Tod am Kreuz und seine Auferstehung aus dem Grab die letztgültige Reinigung an. Durch diese große Liebestat überträgt Jesus seine Reinheit und Gerechtigkeit auf uns, die wir in den Augen des Gesetzes sündhaft und gebrochen und unrein sind. Er nimmt uns unsere Sünde ab und überträgt uns seine Reinheit und Gerechtigkeit. Durch seinen Tod gibt er uns das Leben.

Und das ist der Grund, warum ich sage: Die blutende Frau erfuhr in der körperlichen Heilung eine große Gnade. Aber ich habe eine noch größere Gnade empfangen. Mein Körper ist noch immer krank und daran ändert sich nichts, aber ich habe eine tiefere Heilung erlebt als meine biblische Schwester damals, als sie Jesus begegnet ist. Heute leben wir jenseits von Kreuz und Auferstehung. Und die körperliche Heilung, nach der ich mich sehne, ist nur ein Schatten der umfassenden Heilung, die wir erfahren werden, wenn der neue Himmel und die neue Erde anbrechen (s. Offenbarung 21,1-4). Ja, ich warte noch auf physische Heilung und Gesundung. Aber die geistliche Heilung, die Jesus mir geschenkt hat, geht tiefer, viel tiefer, als jede andere Heilung.

Die blutende Frau hat vielleicht einen Vorgeschmack dieser eigentlichen, umfassenden Heilung erlebt, als sie Jesus begegnet ist. Aber wir, die Jesus als den Auferstandenen kennen, haben größere Gnade empfangen: die Gnade der Heilung für unsere Seele. Durch seinen Tod und seine Auferstehung hat Christus uns von der Sünde geheilt, die uns von Gott trennt. Er hat seine Reinheit auf uns übertragen.

Gottes Erbarmen ist unbegreiflich groß! Wir waren aufgrund unserer Verfehlungen tot, aber er hat uns so sehr geliebt, dass er uns zusammen mit Christus lebendig gemacht hat. Ja, es ist nichts als Gnade, dass ihr gerettet seid! Zusammen mit Jesus Christus hat er uns vom Tod auferweckt, und zusammen mit ihm hat er uns schon jetzt einen Platz in der himmlischen Welt gegeben, weil wir mit Jesus Christus verbunden sind. Bis in alle Ewigkeit will er damit zeigen, wie überwältigend groß seine Gnade ist, seine Güte, die er uns durch Jesus Christus erwiesen hat. Noch einmal: Durch Gottes Gnade seid ihr gerettet, und zwar aufgrund des Glaubens. Ihr verdankt eure Rettung also nicht euch selbst; nein, sie ist Gottes Geschenk. Sie gründet sich nicht auf menschliche Leistungen, sodass niemand vor Gott mit irgendetwas großtun kann.

Epheser 2,4-9 (NGÜ)

Wir sind gerettet! Welche Gnade. Welche erstaunliche, verschwenderische, großzügige Gnade.

Denn das ist auch wahr: Wenn ich körperlich geheilt wäre, aber die Gnade der Gegenwart Jesu in mir nicht erfahren würde, hätte ich nichts. Wenn ich von meiner Krankheit geheilt wäre, aber nicht die Gnade der Erlösung und geistlichen Heilung besäße, hätte ich nichts.

Nichts.

Die Gnade des Heiligen Geistes in mir, die Gnade, dass meine Sünden abgewaschen sind und meine Beziehung zu Gott in Ordnung gebracht ist – das sind größere Schätze als alle körperliche Heilung dieser Welt.

Und darum gebe ich die Hoffnung nicht auf. Auch nicht an Tagen, an denen ich den Laptop zuklappe, weil ich schon wieder zu viele Wimpern ausgerissen habe. Auch nicht wenn ich morgens kaum noch Wimpern vorfinde, auf die sich Wimperntusche auftragen lässt. Ich gebe die Hoffnung nicht auf. Warum nicht? Weil ich ein Mensch bin, dem Gnade im Übermaß geschenkt wurde.

Geschichten der Gnade

Die geheilte Frau steht vor dem, der sie geheilt hat, und erzählt ihm ihre Geschichte. Die Bibel sagt, „vor allen Leuten" (Lukas 8,47; NGÜ) „erzählte [sie] ihm alles, ohne etwas zu verschweigen" (Markus 5,33; NGÜ). Sie erklärt öffentlich, „warum sie ihn berührt hatte und wie sie im selben Augenblick geheilt worden war" (Lukas 8,47; NGÜ). Bis zu diesem Moment hatte diese Frau keine vollständige Geschichte, die sie erzählen konnte. Sie konnte von ihrem Kummer erzählen. Sie konnte von ihrem Kampf berichten. Aber für eine Geschichte braucht es einen Spannungsbogen mit einem Konflikt und einer Lösung. Das macht jede gelungene Geschichte aus: Jemand gerät in schwierige Situationen und erlebt, dass sie sich lösen lassen oder für ihn gelöst werden. Und nun schenkt die Begegnung mit Jesus der blutenden Frau eine Geschichte, die nicht nur mit der Lösung des Problems endet, sondern mit einer großen Hoffnung. Sie ist geheilt und seine Gegenwart schenkt dem Rest ihres Lebens einen neuen Sinn.

Das ist der Grund, warum auch ich eine Geschichte zu erzählen habe. Denn ebenso wie die geheilte Frau habe ich Hoffnung. Ich habe eine Lösung. Seine Gnade gibt auch mir eine Geschichte zu erzählen. Auch wenn meine Heilung von Trich noch aussteht, habe ich doch mehr geschenkt bekommen, als ich verdiene. In Christus wurde mir das Heil geschenkt. Er hat mir seinen Heiligen Geist geschenkt, der in mir lebt. Ich habe die Hoffnung auf die Auferstehung und kenne die Wahrheit, dass Jesus wiederkommt und dass ich dann umfassend geheilt werde.

Jesus bietet uns die Lösung für unsere Kämpfe. Er bietet uns die volle und endgültige Lösung für das Problem unserer Sünde und unserer Trennung von Gott. Und zu dieser Lösung hat jeder Zugang. Unsere Ehe mag gescheitert sein, wir mögen Sorgen haben, unser Körper mag uns bei jeder Bewegung im Stich lassen oder wir mögen Träume haben, die zu verwirklichen unmöglich scheint – aber wir haben eine Geschichte. Und wenn wir zu Jesus gehören, dann ist es nicht nur eine Geschichte von Kämpfen, auch wenn sie sich vielleicht so anfühlt.

Heben wir den Blick. Schauen wir auf den König, vor dem wir knien, und erzählen wir beherzt unsere Geschichte. Wir haben einen König, der sich zu uns herabneigt, der sich aufhalten lässt, um uns zuzuhören, Tag für Tag, Jahr für Jahr. In seinem Blick liegt Hoffnung und seine Stimme ist warm. Er hört uns, er sieht uns und er liebt uns unermesslich. Jesus gibt uns vielleicht nicht, was wir uns heute von ihm wünschen – und vielleicht werden wir das in unserem ganzen Leben nicht bekommen. Aber während wir darauf warten, schenkt er uns seine Gegenwart, sein Heil und die Versöhnung mit ihm für alle Ewigkeit.

Das sind so große Gaben, dass wir unser Leben damit zubringen können, dafür zu danken, und immer wieder neuen Wein und mehr Konfetti brauchen werden, um sie angemessen zu feiern. Es sind Gaben, die größer sind als jede körperliche Heilung, jede andere Beziehung, jede irdische Erfahrung oder Kostbarkeit.

Ich bin mir sicher wie nie, dass der Tag meiner umfassenden Heilung kommt. Entweder schon bald – oder aber dann, wenn Jesus Himmel und Erde neu schafft und alle Dinge zurechtbringt. Und bis dahin werde ich meine Geschichte erzählen – die Geschichte seiner Gegenwart in meinem Leben, seiner Gegenwart in meinem Warten.

Wir werden nicht für immer im Wartezimmer sitzen. Wir werden nicht ewig auf weiße Wände starren oder Gegensatzwörter suchen. Der Große Arzt wird bald kommen und er wird jeden gebrochenen Knochen richten. Er wird jeden Schmerz heilen und die Bruchstellen unseres Lebens erneuern. Er wird uns neue Kraft schenken und alle Tränen abwischen.

Er wird all unsere Sehnsucht erfüllen – mit seiner wunderbaren, unbegreiflichen Gnade.

Er wird uns heil machen.

10

Die sicherste Hoffnung

Sarah hatte alles gesagt. Sie blieb auf den Knien, während die Dankbarkeit sie beinah überwältigte. Jesus hatte noch kein Wort erwidert, aber er hatte den Blick nicht von ihr abgewandt. Und bevor er das nicht tat, würde sie sich nicht von der Stelle rühren.

Die Menge wartete gespannt, wie der Rabbi reagieren würde. Es gab Getuschel. Sollte man dieser Frau den Mund verbieten oder sie einfach in Ruhe lassen?

Jetzt ergriff Jesus Sarahs Hand und half ihr auf. Aufrecht stand sie vor ihm, ohne mit der Wimper zu zucken.

„Tochter, dein Glaube hat dir geholfen."

Sarah stockte der Atem; sie war so überrascht, dass ihr ganz schwindelig wurde. *Tochter? Der Rabbi nennt mich* Tochter, *eine, die zum Volk Gottes gehört?*

Das Getuschel der Menge schwoll an; in den hinteren Reihen entstand Unruhe. Sarah hielt den Blick auf Jesus gerichtet.

„Geh in Frieden und sei geheilt von deiner Krankheit." Jetzt lächelte er breit und gab ihre Hand frei. Unwillkürlich erwiderte sie das Lächeln; es war wohl das erste Mal seit mehr als zehn Jahren, dass sie einem Menschen ein Lächeln geschenkt hatte.

Geheilt. *Sie war geheilt.*

Dann wandte Jesus sich um und setzte seinen Weg zu Jairus' Haus fort. Seine Jünger folgten. Sarah blieb reglos stehen. Sie wusste, dass sich soeben ein Strom von Liebe und Erbarmen über sie ergossen hatte.

Eine Hand legte sich ihr auf die Schulter.

Als Sarah sich umwandte, stand ihr Vater vor ihr. Tränen liefen ihm über die Wangen; er schluchzte ungehemmt und zog sie in seine Arme. Die Menge lief schon weiter, ohne ihnen Beachtung zu schenken.

Wie lange hatte sie die tröstende Umarmung ihres Vaters vermisst! Als sie sich jetzt seinen Armen überließ, konnte sie die Tränen ebenfalls nicht zurückhalten.

Dann ließ ihr Vater sie wieder los, rieb sich mit beiden Fäusten die Augen und hob sachte ihr Kinn zu sich herauf. „Ich habe gehört, wie du mit dem Rabbi gesprochen hast. Und auch was er dir geantwortet hat." Seine Augen funkelten wie glühende Kohlen. „Ist es denn wahr? Du bist geheilt?"

Sarah konnte nicht anders – sie lachte. „Ja, Abba! Er hat mich geheilt! Ich bin frei!" Unwillkürlich hob sie die Arme in die Luft. „Frei!"

So frei, wie sie sich in ihrem ganzen Leben noch nie gefühlt hatte. Hoffnung sprudelte nur so aus ihr heraus, wilde, ehrliche, ungetrübte Hoffnung. *„Und, Abba, … er hat mich Tochter genannt. Tochter! Bedeutet es das, was ich hoffe?"*

Ihr Vater strich ihr übers Haar. „Ich habe es gehört, Sarah. Die ganze Stadt hat es gehört. Jetzt kannst du mitkommen in die Synagoge. Du bist geheilt, du bist eine Tochter Israels. Nie wieder sollst du beschämt den Kopf beugen."

Als ich feststellte, dass ich schwanger war, löste das gemischte Gefühle in mir aus: tiefes Glück und Angst. Glück, weil dies das Kind war, nach dem wir uns gesehnt und um das wir gebetet hatten; Glück, dass der Traum wahr werden wollte. Aber daneben stieg Angst auf. Plötzlich trug ich ein anderes Leben in mir und war verantwortlich für die Existenz eines menschlichen Wesens.

In der 21. Schwangerschaftswoche erfuhren wir, dass unser Kind ein Mädchen war – unsere Ella – und völlig gesund. Die Nachricht besänftigte meine Angst, unser Kind könnte nicht gesund sein. Aber sie löste neue Ängste aus. Ich wusste ja nur zu gut, welche Kämpfe man als Frau zu kämpfen hat. Würde meine Tochter Probleme haben mit ihrem Aussehen oder mit ihrem Selbstbewusstsein? Würde sie zweifeln, dass sie schön war, dass ihr Leben Sinn hatte? Neben all diesen Fragen gab es noch eine Befürchtung, die ich nicht verdrängen konnte. Nachdem ich nicht mehr befürchten musste, dass unser Kind nicht gesund sein könnte, quälte mich die Angst, ich könnte die Trichotillomanie an sie vererben.

Bitte, Herr, erspare ihr diesen Kampf. Lass sie nicht auch diese Krankheit bekommen, betete ich. Ja, es konnte Schlimmeres im Leben geben, viel Schlimmeres, das wusste ich. Aber wie der Kampf mit Trich aussah und wie schmerzhaft er war, wusste ich aus eigener Erfahrung. Und deshalb betete ich darum, dass meine Tochter vor diesem besonderen Leiden verschont bliebe. Während unsere Tochter in mir heranwuchs und herumstrampelte, betete ich auch darum, dass sie schon früh Jesus kennenlernen würde, betete um Frieden und Gesundheit für sie.

Viele meiner Gebete wurden verfinstert durch meine Übelkeit während der Schwangerschaft. Ständiges Erbrechen, Hautprobleme und Ischiasschmerzen beherrschten diese Zeit, sodass ich überglücklich war, als die Wehen einsetzten, weil ich nun bald meine Tochter sehen würde – und das bedeutete, dass ich nicht mehr schwanger sein würde.

Ella kam gesund und kräftig zur Welt und ich war dankbar. Ich hatte nicht geahnt, dass ich so dankbar sein könnte! Ich brauchte ein Weilchen, um in meine Mutterrolle hineinzufinden, aber meine Liebe zu meiner Tochter schwankte nie. Ella war – und ist – eine der größten Freuden meines Lebens.

Als sie ein Jahr alt wurde, begann ich mir Sorgen zu machen, dass sie es bemerken könnte, wenn ich vor dem Spiegel stand und meine Wimpern betrachtete oder wenn ich an einer roten Ampel im Rückspiegel meine Augenbrauen kritisch begutachtete und manchmal sogar im Auto daran zupfte. Ja, sie beobachtete, wie meine Hand zu den Wimpern wanderte, und ich bemühte mich mit neuer Entschlossenheit, damit aufzuhören. Als sie anfing, mich in allem nachzuahmen, bekam mein Wunsch, diesen Zwang endlich zu besiegen, eine ganz neue Dringlichkeit.

Außerdem suchte ich nach Informationen. Ich fand heraus, dass die Kinder von Eltern mit Trichotillomanie eine gewisse Prädisposition dafür haben, auch daran zu erkranken. Das liegt zum Teil an der genetischen Tendenz zu Angstzuständen und Depressionen, die oft mit der Krankheit einhergeht. Manche entwickeln schon im Kleinkindalter Symptome, auch wenn das selten vorkommt. Das Haareausreißen ist dann eine Form der Selbsttröstung, ähnlich wie Daumenlutschen.

Das konnten schlechte Voraussetzungen für Ella sein. Während sie an feinmotorischen Fähigkeiten zunahm, übernahm sie mehr und mehr Verhaltensweisen von mir: sich das Haar bürsten, eine Gabel benutzen, zum Abschied winken. Und dann kam der Tag, an dem meine Ängste sich bestätigten. Ich war gerade dabei, sie zu wickeln, als sie ihre kleine Hand hob und mit ihren Fingerchen an ihren langen blonden Wimpern zupfte. Sie war gerade gut ein Jahr alt. Mein Herz stockte, dann pochte es rasend vor Aufregung gegen das Brustbein. Mir schoss das Blut in die Wangen.

„Nein! *Nein!*", schrie ich viel zu laut und viel zu heftig.

Ella sah mich erschrocken an. Ihr Mund verzog sich weinerlich, aber sie hatte die Hand nicht von den Wimpern genommen.

Ich spürte die Last von zwanzig Jahren Schuldgefühlen. Alle meine gescheiterten Versuche, das Zupfen zu lassen, schienen sich über mir aufzustauen und wie eine reißende Flut über meine Tochter zu ergießen. Alles im Raum fühlte sich schwer und langsam an, als ob ich flussaufwärts durch Sirup liefe und gegen eine Strömung ankämpfte, der ich doch nicht entkommen konnte.

Ich atmete tief durch und bemühte mich um einen ruhigen Tonfall. Dann nahm ich ihre Hand und zog sie sacht von den Wimpern weg. „Nein, Süße. Wir reißen keine Wimpern aus." Ich kam mir vor wie eine Heuchlerin, aber ich musste es aussprechen.

Dann küsste ich sie auf die Stirn und wandte den Kopf ab; ich wollte sie nicht durch Tränen erschrecken oder ihr das Gefühl geben, der Vorfall habe größere Bedeutung, als er tatsächlich hatte. Ich warf die dreckige Windel in den Windeleimer und nahm Ella, so rasch ich konnte, von der Wickelkommode. Sie sollte in einem anderen Zimmer spielen, etwas tun, das ihre Hände beschäftigte – malen, Bücher durchblättern, Bauklötze stapeln. Irgendetwas.

Für den Rest des Tages beobachtete ich sie verstärkt, während ich gegen die Angst ankämpfte, die immer wieder aufstieg. Wir aßen Snacks, zählten Buntstifte, lasen Geschichten, wir kneteten Teig und stachen Kekse aus. Und in der Nacht lag ich im Dunkeln wach und starrte gegen meine geschlossenen Augenlider.

Meine größte Angst nahm vor meinen Augen Gestalt an. Und ich fühlte mich wie ein Scharlatan. Wenn ich es meiner Tochter doch jeden Tag selbst vormachte, wie sollte ich sie davon abhalten, es auch zu tun? Woher sollte sie wissen, dass mein Verhalten nicht gut war? Ich war die Frau, an der sie lernen würde, eine Frau zu sein.

Wochenlang hatte ich einen Knoten im Magen, wenn ich an jenen Moment auf der Wickelkommode dachte. Ellas Fingerchen, die langsam ihren Babyspeck verloren, wie sie nach den langen Wimpern griffen, die ihre blauen Augen umrahmten. Der Stein im Magen wuchs, weniger wegen meiner Angst um ihre Wimpern. Es war meine Angst um ihr Herz, die mir im Magen lag. Zu sehen, wie meine Tochter an ihren Wimpern zog, stand für viel mehr, als ich in jenem Moment benennen konnte: Es stand für Jahrzehnte Kampf gegen mich selbst, Jahrzehnte, in denen ich mich von meinem eigenen Körper und meinem eigenen Geist verraten fühlte, Jahrzehnte voller Hass gegen mich selbst und das, was ich tat und nicht lassen konnte.

Die Schuldgefühle wuchsen ins Unermessliche. Sie waren allgegenwärtig. Wochenlang machte ich mir Sorgen, dann beschimpfte ich mich selbst dafür, dass ich mir solche Sorgen machte. Ella war gesund, geborgen und geliebt. Aufs große Ganze gesehen war dies hier eine Kleinigkeit verglichen mit den sonstigen Katastrophen des Lebens, selbst wenn sie Trich entwickeln sollte. Aber ich liebte meine Tochter und ich wollte sie vor einem Kampf bewahren, den ich selbst nur zu gut kannte.

Ich wusste, dass ich ihr vermutlich auch noch andere Dinge weitergeben würde – Dinge, die ich an mir selbst nicht mochte, wie meine Überängstlichkeit oder meine Vorliebe für Süßigkeiten. Aber nicht das, so hoffte ich. *Bitte, Herr, nicht das.*

Nicht diesen Zwang, der belanglos aussieht, mich aber schon so lange und bis zur Erschöpfung im Griff hat. Nicht diese Krankheit, die ihr Selbstwertgefühl, ihre Unbefangenheit und ihr Körpergefühl so sehr beeinträchtigen könnte.

Ich beobachtete Ella. Ich wartete. Ich betete. Und ich hoffte.

Völlig neu

Ich habe mich oft gefragt, wie die Geschichte der geheilten Frau nach ihrer Begegnung mit Jesus weiterging. Wenn schon ihre Jahre vor dieser Augenblicksbegegnung mit dem Retter wie hinter Milchglas liegen, so sind die Jahre danach uns durch einen Vorhang verborgen; wir sehen nichts davon. Aus den zwölf Jahren davor haben wir wenigstens einige Puzzleteile – ein paar Einzelheiten, ein wenig Einblick. Aber über ihr Leben, nachdem sie geheilt ist, sagt die Bibel nichts. Sie hat das Gewand Jesu berührt, seine Kraft ging auf sie über, sie wurde geheilt, fiel auf die Knie und erzählte ihre Geschichte.

Und dann hat Jesus diese unschätzbaren Worte zu ihr gesagt: „Meine Tochter, dein Glaube hat dich gerettet. Geh in Frieden! Du bist von deinem Leiden geheilt" (Markus 5,34; NGÜ).

Gleich danach wenden die Verfasser der Evangelien sich sogleich dem nächsten Ereignis zu – Jesus eilt in Jairus' Haus und holt dessen Tochter ins Leben zurück. Die Szene strebt auf den dramatischen Moment dieser Auferweckung zu. Zurück bleibt die ehemals blutflüssige Frau. Jetzt ist sie die geheilte Frau.

Was danach mit ihr geschah, ist alles Vermutung – Vorstellungskraft, die in den Schuhen ernsthafter Forschung tanzt. Aber meine Fantasie beschäftigt sich gern damit, nicht allein wegen der Hoffnungen, die ich für meine biblische Schwester habe, sondern auch wegen der Worte, die Jesus zu ihr gesagt hat.

Er nannte sie *Tochter*. Das ist nicht einfach so dahingesagt – was Jesus sagt und tut, sagt und tut er immer sehr bewusst. Er hat ihr eine neue Identität zugesprochen. Eine Identität, auf die sie sich seit zwölf Jahren nicht mehr hatte berufen dürfen.

Über diese neue Identität, die die geheilte Frau fand, schreibt ein Neutestamentler:

> Für diese Frau ist die Wiederherstellung ihrer Gesundheit nicht einfach eine körperliche Heilung. Es ist eine umfassende Erneuerung. Es ist die Rücknahme eines Fluches mit seinen ungeheuren sozialen, religiösen und damit letztlich auch persönlichen Konsequenzen. Einer Frau, die am Rand des Dorflebens stand, wird hier – vor den Augen des ganzen Ortes – ein Platz zugesprochen, den sie zwölf Jahre lang nicht mehr gekannt hat.[26]

An jenem Tag schenkte Jesus der blutflüssigen Frau eine wunderbare Heilung. Aber vor allem schenkte er ihr Erneuerung. Seine Worte und seine freundliche Zuwendung vor den Augen des ganzen Dorfes gaben dieser Frau ihr Leben zurück. Er hat ihr nicht einfach einen Verband angelegt oder eine kurzlebige Lösung verabreicht; er hat sie in ihren Ursprungszustand zurückversetzt; er hat ihr wiedergegeben, was man ihr in zwölf qualvollen Jahren verweigert hatte. Jesus hat sie erneuert. Und zwar umfassend – es war eine Erneuerung ihrer Beziehung zu ihrer Gemeinschaft, zu Gott und auch, wie es aussieht, zu sich selbst.

Eine neue Beziehung zur Gemeinschaft

Die geheilte Frau erzählt ihre Geschichte vor der versammelten Menge. Damit legt sie vor ihrem Dorf ihr ganzes Leben offen. Ihre gesamte Zukunft hängt jetzt an der Antwort von Jesus. Alle haben ihre Geschichte gehört; vermutlich wussten die meisten von ihrer Krankheit und haben sie schon jahrelang gemieden. Und nun behauptet sie, sie sei geheilt. Was wird der Rabbi sagen?

In diesem entscheidenden Moment bestätigt Jesus ihre Aussage. Jesus, der Rabbi, eine Autorität, ein geachteter Mann. Er hat die Macht, sie zu verfluchen oder zu bestätigen. Und er bestätigt sie, indem er sie *Tochter* nennt. Damit setzt er sie ein als erwählte Tochter Israels und als vollgültiges Mitglied ihrer Dorfgemeinschaft.

Bis dahin hat sie am Rand des Gottesvolkes gelebt. Aber mit einem einzigen Wort versetzt Jesus sie mitten ins Zentrum. Sie ist nicht länger eine Ausgestoßene; sie ist eine geliebte Tochter. Sie ist nicht länger unrein, sie ist zugehörig. Jetzt kann sie wie alle anderen im Volk Gottes auch ihren Gott verehren – ohne Furcht, ohne Tadel, ohne Fluch.

Eine neue Beziehung zu Gott

Was Jesus ausdrücklich würdigt, ist der Glaube dieser Frau. Er sagt es vernehmbar: „Dein Glaube hat dir geholfen" (Matthäus 9,22; EÜ). Ja, die Heilung mag wunderbar gewesen sein. Aber die erwähnt Jesus kaum. Was er herausstellt, ist ihr Glaube. Ihr Glaube an die Macht Jesu erneuert letztlich auch ihre Beziehung zu Gott. Die Heilung ist nur das äußere Zeichen für den Glauben des Herzens.

Jesus erklärt die blutflüssige Frau für geheilt und lässt sie in Frieden gehen. Wonach diese Frau sich so verzweifelt gesehnt hat – Frieden für ihren Leib, ihren Geist, ihren Verstand –, genau das stellt Jesus in ihr wieder her. Und indem er das tut, schenkt er ihr eine neue Beziehung zu sich selbst. Alle Selbstverachtung, alle enttäuschten Hoffnungen im Blick auf ihre Gesundheit, der Hass auf die Umstände, die Einsamkeit, der Kummer – all das ist vorbei. Endlich kann sie sich wieder – oder vielleicht zum ersten Mal – als die sehen, die sie von Rechts wegen ist: eine Tochter, eine Geheilte, eine, die heil geworden ist.

Sie kann wieder im Frieden leben – im Frieden mit Gott, im Frieden mit den Menschen, im Frieden mit sich selbst. Und darin ist alles eingeschlossen, worauf sie gewartet hat.

Und was bringt all das noch mit sich? Große Freude, da bin ich sicher. Vielleicht auch Staunen. Oder ein leises heiliges Erschrecken. Aber vor allem anderen, glaube ich, hat die Erneuerung, die Jesus dieser Frau schenkte, ihr eine starke, unüberwindliche Hoffnung geschenkt.

Ein Schutz für unser Herz

Hoffnung kann unbeständig sein – sie ist leicht angefacht und ebenso leicht erstickt. Aber die blutflüssige Frau erhielt an dem Tag, als sie Jesus begegnete, eine starke Hoffnung, da bin ich sicher. Sie hatte bereits genug Hoffnung aufgebracht, um sich überhaupt an ihn zu wenden. Und der Verfasser des Hebräerbriefes erklärt, dass man Hoffnung braucht, um glauben zu können: „Was ist denn der Glaube? Er ist ein Rechnen mit der Erfüllung dessen, worauf man hofft" (11,1; NGÜ).

Jesus lobt den Glauben dieser Frau; er stellt heraus, dass sie mit der Erfüllung dessen, was sie hoffte, gerechnet hat. Sie war überzeugt, dass Jesus sie heilen konnte. Sie hatte genug Hoffnung, um sich an ihn zu wenden, und genug Glauben, dass er sie heilen würde. Und als er es tat, müssen Glaube und Hoffnung in ihr sprunghaft angewachsen sein. Denn Jesus erwies sich tatsächlich als der, auf den sie ihre Hoffnung gesetzt hatte. Und noch als weit mehr. Er hatte nicht nur ihren Körper erneuert, sondern auch ihre Seele und ihr ganzes Leben.

Ihre Hoffnung muss grenzenlos gewesen sein. Zwölf Jahre lang hatte sie auf diesen Moment gewartet, ohne zu wissen, ob er je kommen würde. Und jetzt hatte Jesus an die Stelle von Kummer und Dunkelheit Hoffnung gesetzt. Was für eine Zukunft lag jetzt vor ihr? Ihre Hoffnung muss unaussprechlich gewesen sein, ungezügelt, wild, ungestüm!

Ja, das bewirkt eine solche Erneuerung. Sie schenkt uns Hoffnung – Hoffnung, dass die Zukunft besser sein kann und besser sein wird als das, was wir kennen. Hoffnung, dass das, was vor uns liegt, besser sein wird als das, was hinter uns liegt. Hoffnung, die bestehen kann, auch mitten in Schwierigkeiten, mitten im Schmerz, mitten im Kampf.

Es gibt eine Wahrheit, die uns alle zu Menschen der Hoffnung machen kann, auch wenn wir noch darauf warten, dass wir heil und gesund und vollständig erneuert werden: Jesus schenkt uns eine erneuerte Beziehung zu sich selbst, zu anderen und zu uns selbst. Und wenn der König der Könige uns erneuert – an Leib, Seele und Geist –, dann gibt uns das Hoffnung – nicht nur für dieses Leben, sondern für eine ganze Ewigkeit.

Unsere Beziehung zu Gott ist bereits vollständig heil. Das

hat Jesus in seinem Tod und seiner Auferstehung erreicht. Er hat den Preis für unsere Sünden gezahlt und uns mit Gott versöhnt (s. Römer 5,11). Und wir haben die Hoffnung auf sein kommendes Reich und hoffen auf die Wiederkunft unseres Königs.

Aber die Erneuerung unserer Beziehung zu anderen und zu uns selbst ist noch nicht abgeschlossen. Sie ist noch im Gang. Und hier werden die Dinge verwirrend. Hier bekommt unsere Hoffnung Dämpfer, hier wird sie leicht erstickt. Denn noch warten wir auf die vollständige Erneuerung. Noch lässt unser Körper uns im Stich, noch zittert unser Geist vor Furcht oder Sorgen. Noch sind Beziehungen zu Freunden und Verwandten angespannt oder zerbrechen sogar. Unsere Wünsche und Träume lösen sich in Luft auf. Das Leben ist schwer. Unser Herz wird müde. Die Hoffnung fühlt sie so verletzlich an, so zart. Und das Warten auf die Vollendung der verheißenen Erneuerung droht uns die Hoffnung zu rauben.

Wie oft habe ich das nicht schon erlebt. Hoffen fühlt sich viel zu riskant an. Macht mich viel zu verwundbar. Die Hoffnung kommt mir vor wie ein fauler Trick, den unser eigenes Herz uns spielt, das uns Träume und Sehnsüchte vor die Nase hält, die sich nie erfüllen. Die Heilung passiert nicht. Ich kriege den Job nicht. Die Beziehung hält nicht.

Warten ist schwer, denn es stellt unsere Hoffnung infrage. Es lässt uns zweifeln, ob Jesus seine Verheißungen ernst gemeint hat. Es lässt uns fragen, ob Gott wirklich gut ist.

Warten stellt uns auf den Prüfstand. Es entlarvt unsere Angst und unsere Scham. Es aktiviert unsere Schwächen und unsere Sorgen. Es prüft unsere Identität und unseren Wert. All diese Dinge lassen uns fragen, ob Gott noch immer gut ist und ob er uns tatsächlich sieht und liebt.

Hoffnung ist darin wie eine gläserne Schutzmauer um unser Herz. Sie mag Schläge abbekommen, Kratzer, Prügel. Aber sie schützt unser Herz, während wir warten. Hoffnung ist das Gegenmittel gegen die Verzweiflung. Und nur mit Hoffnung können wir lange Wartezeiten überstehen, ohne unseren Glauben oder unseren Verstand zu verlieren.

Denn Hoffnung, die sich auf Christus gründet, wird uns nie enttäuschen. Wenn wir unsere Hoffnung auf einen Menschen setzen oder auf einen Job, einen glücklichen Zufall oder unseren Körper, wird sie sich auflösen wie eine Fata Morgana im Sandsturm. Wenn wir unsere Hoffnung auf irgendetwas anderes setzen als auf Christus, haben wir das Scheitern schon vorprogrammiert.

Aber die Hoffnung auf Jesus und auf sein kommendes Reich – und damit auf die vollständige Erneuerung unserer Beziehungen zu Gott, zu uns selbst und zur Gemeinschaft der anderen, die es dort geben wird – diese Hoffnung enttäuscht nie. Paulus schreibt davon im Brief an die Römer. Er hat wohl tieferes Leid erlebt und härtere Kämpfe ausgefochten, als die meisten von uns sich vorstellen können, und doch nie die Hoffnung auf Christus verloren. Und die Hoffnung, von der er schreibt, gilt heute noch genauso, wie an dem Tag, als Paulus diese Worte niederschrieb.

> Nachdem wir nun aufgrund des Glaubens für gerecht erklärt worden sind, haben wir Frieden mit Gott durch Jesus Christus, unseren Herrn. Durch ihn haben wir freien Zugang zu der Gnade bekommen, die jetzt die Grundlage unseres Lebens ist, und im Glauben nehmen wir das auch in Anspruch.
> Darüber hinaus haben wir eine Hoffnung, die uns mit Freude und Stolz erfüllt: Wir werden einmal an Gottes Herrlichkeit teilhaben. Doch nicht nur darüber freuen wir uns; wir freuen uns auch über die Nöte, die wir jetzt durch-

machen. Denn wir wissen, dass Not uns lehrt durchzuhalten, und wer gelernt hat durchzuhalten, ist bewährt, und bewährt zu sein festigt die Hoffnung.

Und in unserer Hoffnung werden wir nicht enttäuscht. Denn Gott hat uns den Heiligen Geist gegeben und hat unser Herz durch ihn mit der Gewissheit erfüllt, dass er uns liebt.

Römer 5,1-5 (NGÜ)

Durch den Glauben, so Paulus, leben wir unter der Gnade. Und darum haben wir eine Hoffnung, über die wir jubeln können: die kommende Herrlichkeit Gottes. Diese Hoffnung ist sogar so groß, dass auch die Kämpfe und Nöte, die wir erleben, ihr nichts anhaben können. Denn diese Nöte – Trich, Enttäuschung, Krankheit, Schmerz, Trauer, Tod, Warten – dienen dazu, Gutes in uns hervorzubringen. Während wir – manchmal unter Schmerzen – darauf warten, dass Gott sein Königreich aufrichtet, lässt er in uns Geduld, Bewährung und Hoffnung wachsen.

Wir warten voller Hoffnung. Und in unserer Hoffnung werden wir nicht enttäuscht. Nicht wenn wir sie auf Jesus setzen. Diese Hoffnung trügt nicht. Im Gegenteil. Diese Hoffnung ist die sicherste Hoffnung, die es gibt. Es ist eine Hoffnung, die sich bereits jetzt bewährt.

Und darum habe ich immer noch Hoffnung im Blick auf meine Krankheit. Darum bitte ich Gott noch immer um Heilung. Darum halte ich die Flamme der Hoffnung, dass ich geheilt werde, in meinem Herzen wach. Denn meine Hoffnung richtet sich nicht auf die Heilung. Sie richtet sich auf den Retter, der mich liebt und mich erlöst hat.

Ich weiß: Alle meine Kämpfe hier nutzt Gott, um Gutes

in mir hervorzubringen. Gutes, das meine Hoffnung stärkt. Aber ich sollte mich nicht davon bestimmen lassen, was vor Augen ist; das bringt meine Hoffnung ins Wanken. Paulus schreibt an die Gemeinde in Korinth: „Wenn die Hoffnung, die Christus uns gegeben hat, nicht über das Leben in der jetzigen Welt hinausreicht, sind wir bedauernswerter als alle anderen Menschen" (1. Korinther 15,19; NGÜ).

Wenn meine Hoffnung sich auf das gründete, was ich am Ende des Tages vor Augen habe – kaum mehr Wimpern, eine mit Härchen übersäte Tastatur, kahle Stellen in meinen Brauen –, dann müsste ich die Hoffnung auf Heilung aufgeben. Aber ich habe mich entschlossen, meine Hoffnung auf Jesus zu setzen und nicht auf die Umstände. Ich setze meine Hoffnung auf seine Güte, auf seine Macht und auf seine Gnade und nicht auf mich selbst und meine Willenskraft. Und darum kann meine Hoffnung nicht erschüttert werden – sei es im Blick auf Trich oder auf sonst etwas –, denn sie ist unabhängig von mir. Sie ist unabhängig davon, wie ein Problem sich entwickelt. Sie ist nur abhängig von Jesus und seiner Macht.

Heißt das dann nicht, dass wir doch nicht auf irdische Heilung hoffen dürfen? Keineswegs. Wir haben Hoffnung für beides – für dieses Leben und für die Ewigkeit. Aber wir sollten beides nicht miteinander verwechseln. Unsere Hoffnung für heute ist nicht unsere einzige Hoffnung. Also hoffen wir auch auf Heilung und Heil im Hier und Jetzt und glauben, dass Gott der Gott ist, der immer noch heilt und rettet und befreit, *hier*, in diesem Leben, in dem, was wir schmecken und berühren und sehen und riechen. Aber unsere Hoffnung ist nicht darauf begrenzt. Sie reicht weit über dieses Leben hinaus bis in die Ewigkeit.

Das ist das „schon jetzt und noch nicht" des christlichen

Lebens: Wir sind erneuert und wir werden weiterhin erneuert und wir werden endgültig erneuert, wenn Christus wiederkommt und alles neu macht (s. Offenbarung 21,1-7). Wir mögen hier Kämpfe und Nöte durchleben, aber unsere Hoffnung ruht auf der Wahrheit des Evangeliums von Jesus Christus – und das ist eine Hoffnung, die uns nicht enttäuscht.

Deshalb hoffe ich uneingeschränkt darauf, dass Christus mich heilt. Ich verlange nicht, dass er es jetzt tut, auch wenn ich ihn darum bitte. Aber ich hoffe – und glaube –, dass Gott mich vollständig gesund und heil machen wird, ob in diesem Leben oder im kommenden.

Die Stimme der Liebe

Ich befürchtete immer noch, meine Tochter könnte Trich entwickeln. Immer wieder spulte ich jenen Moment vor meinem inneren Auge ab, in dem ihre Hand zu ihren Wimpern gewandert war. Ich betete, ich bettelte, ich versuchte, nicht daran zu denken. Und wochenlang beobachtete ich sie wie ein Luchs.

Ich bat Gott, bestürmte ihn, ihr zu helfen, mir zu helfen, uns beiden zu helfen. Zum ersten Mal im Leben wollte ich nicht nur meinetwegen gesund sein, sondern für meine Tochter. Ich wollte frei sein, damit sie es auch sein konnte.

Aber nachdem Wochen und Monate vergingen, ohne dass ich noch einmal sah, dass sie mit ihren Wimpern spielte, klang meine Besorgnis ab und löste sich schließlich auf. Seither habe ich nie mehr beobachtet, dass Ella an ihren Wimpern zupft. Aber manchmal, in ruhigen Momenten, flammt die Besorgnis noch einmal auf. Die Angst breitet sich in mir aus wie Helium und droht mich davonzutragen.

Eines Tages, als ich betete, unterbrach Gott meine Ängste mit einer Frage:

Würdest du deine Tochter weniger lieben, wenn sie Trich hätte?

„Natürlich nicht", flüsterte ich.

Würde es an deiner Zuneigung zu ihr etwas ändern?

„Nie."

Würde es an meiner Berufung für ihr Leben etwas ändern?

Nein, das wusste ich. „Nein, Herr."

Wo ist deine Hoffnung? Gründest du sie auf mich oder darauf, was ihr geschieht?

Ich zögerte. „Auf dich, Herr. Nur auf dich."

Dann fürchte dich nicht, Tochter. Die Liebe kennt keine Furcht.

Und in diesem Moment, in dieser Offenbarung, verstand ich ganz neu, wie Gott mich sieht.

Hat seine Liebe zu mir sich etwa geändert, weil ich gegen Trich kämpfe oder weil ich tausend andere Kämpfe, Sünden und Schmerzen erlebe?

Natürlich nicht.

Hat sich in all den Jahren mit Trich, in den Zeiten, in denen ich mich selbst verabscheut habe, etwas an seiner Zuneigung zu mir geändert?

Nie.

Hat es etwas an seinem Anspruch auf mein Leben geändert, dass ich diese Schwäche habe und nicht besiegen kann?

Nein.

War meine Hoffnung je abhängig von dem, was vor Augen ist, oder hängt sie davon ab, wem ich folge?

Sie hängt nur von Christus ab.

Dann will ich mich nicht fürchten. Ich will eine Frau sein, die aus seiner Liebe und in seiner Liebe lebt.

Lassen wir also die Furcht hinter uns. Denn wir leben in

seiner Liebe. Wir sind erneuerte Menschen. Wir sind Wartende. Wir sind Menschen, die bereits erneuert sind und doch noch warten – auf die Vollendung unserer Erneuerung und auf sein Reich. Aber wir warten mit großer Hoffnung und großer Freude. Wir sind Menschen, die den Blick nach oben richten, die jeden Tag neu den Atem anhalten in der Erwartung, dass dies der Tag ist, an dem der König zurückkommt. Wir sind es, die lernen, dass wir nichts zu befürchten haben, weil es nichts gibt, das uns von seiner Liebe trennen kann. Kein Kampf, keine Versuchung, kein Leid kann uns von seiner unauslöschlichen Liebe trennen (s. Römer 8,35-39).

Meine biblische Schwester wurde erneuert und ganz und gar heil. Ich leide zwar noch unter Trichotillomanie, aber in Christus bin ich erneuert und ganz und gar heil. Ich erlebe noch nicht, dass diese Erneuerung schon vollendet ist. Aber die Vollendung wird kommen.

Auch Sie haben Erneuerung erfahren. Und auch für Sie wird die Vollendung kommen. In Christus verspreche ich: Sie wird kommen.

Und so lange warten wir. Aber wir warten mit einer Hoffnung, egal worauf wir warten: mit der Hoffnung, dass Christus bei uns ist; mit der Hoffnung, dass Christus für uns ist; mit der Hoffnung, dass Christus wiederkommt.

Mit der Hoffnung, dass wir eines Tages, wie die geheilte Frau, ganz und gar neu, ganz und gar heil werden, wenn wir Jesus von Angesicht zu Angesicht sehen.

Möge dieser Tag bald kommen. Damit wir ihn bald sehen.

Ja, komm, Herr Jesus.

Nachwort
Das Glück des Wartens

Sarahs Vater legte ihr den Arm um die Schultern und so standen sie da, Seite an Seite, und sahen die Straße entlang, die nach Hause führte. „Komm, sagen wir es deiner Mutter!", sagte er. „Sie wird überglücklich sein, Sarah – glücklicher, als wir sie seit sehr langer Zeit gesehen haben." Sein Blick wanderte zum Haus der Familie und er setzte sich in Bewegung.

„Ja, Vater, sie muss es wissen. Sie hat all diese Jahre für mich gebetet." Sarah wandte sich in die Richtung, in die Jesus mit seinen Jüngern verschwunden war. Der Kompass ihres Herzens zeigte klar in diese Richtung. „Aber ich muss gehen und diesem Rabbi folgen. Er hat mich geheilt. Er hat mir Hoffnung gegeben! Ich möchte nichts anderes, als da zu sein, wo er ist."

Etwas wie Irritation durchzuckte das Gesicht ihres Vaters. Er atmete schwer. Sarah wartete, was er sagen würde.

Als ihr Vater sie wieder ansah, war sein Blick offen. Er nickte langsam und küsste sie dann auf die Stirn. „Geh nur, Sarah. Tu, was du tun musst. Es wird in unserem Haus immer einen Platz für dich geben."

Sarah verneigte sich leicht und drückte ihm die Hand.

Dann drehte sie sich um und ging in Richtung von Jairus' Haus davon.

Sie würde Jesus folgen, wohin er auch ging.

Vor Kurzem habe ich einen kleinen Garten vor unserem Haus angelegt. Alle, die mich kennen, wird das vielleicht verblüffen, wenn nicht sogar zum Schmunzeln bringen. Ich habe noch nie Gartenarbeit gemacht und habe es sogar geschafft, die Sukkulenten umzubringen, die ich mal geschenkt bekommen habe – Pflanzen, die angeblich jedes Ausmaß an Vernachlässigung überleben. Ich habe Freundinnen, die es lieben, mit bloßen Händen in der Erde zu graben, die es genießen zuzusehen, wie Blätter sich entrollen und Blüten sich entfalten. Sie bewundern den Kreislauf des Lebens, den sie in ihren Gärten beobachten, und freuen sich, an dem geheimnisvollen Prozess teilzuhaben, den Blumen und Bäume erkennen lassen.

Meine Nachbarin Amber ist eine von diesen Frauen. Sie hat nur ein kleines, unebenes Stück Gartenland, aber darauf steht ein beachtliches Gewächshaus, in dem sie Tomaten, Thymian, Bohnen und Melonen anbaut. Sie kümmert sich liebevoll um einen blühenden Rosenstrauch und sie zeigt ihrer Tochter, wie man das macht.

Vor etwa einem Monat, als in Ambers Garten alles zu blühen begann, betrachtete ich das trockene Gras vor unserem Haus und stellte fest, wie vernachlässigt unser Vorgarten zwischen den Mustergärten der Nachbarn aussah. Die Häuser in unserer Straße sind Universitätswohnungen und wir erhalten in jedem Frühjahr einen kleinen Geldbetrag für „Verschönerungsmaßnahmen“. Es sah ganz so aus, als hätte ich meinen Beitrag nicht geleistet.

Also traf ich in Sekundenschnelle die Entscheidung: Ich würde einen Vorgarten anlegen. Ich sagte Ella, wir würden jetzt Pflanzen kaufen fahren. „Mehrjährige, damit ich nächstes Jahr nicht noch mal anfangen muss", flüsterte ich ihr zu.

Es endete damit, dass wir zweimal zum Gartencenter fahren mussten. Beim ersten Mal kam ich zwar mit jeder Menge Pflanzen und ein paar Platten für den Weg, aber ohne Spaten und Mulch zurück. Ich mag recht geschickt mit Worten und mit Menschen umgehen können, aber in Sachen Erde und allem, was wächst, bin ich hoffnungslos unbegabt. Ich sehe Pflanzen gern, aber ich habe keine Ahnung, was ich tun muss, damit sie gedeihen.

Nachdem ich mit Amber geredet und erfahren hatte, ich würde einen Spaten und Mulch und etwas, das sich „Unkrautvlies" nannte, brauchen, packte ich Ella wieder ins Auto und bat im Gartencenter um Auskunft und Hilfe. Mit den nötigen Utensilien kamen wir wieder nach Hause; außerdem hatten wir noch eine Zuckermelone in einem biologisch abbaubaren Pflanzgefäß erworben, weil Ella Melonen so liebt. Den Topf mit der Pflanze hielt sie auf dem ganzen Weg zur Kasse fest umklammert und strahlte von einem Ohr zum anderen. Hatte ich schon jemals eine Melone angebaut? Nein. Aber wie schwer konnte es schon sein, eine Pflanze zu hegen, die bereits ein Pflanzgefäß hatte?

Die Blumen standen vier oder fünf Tage in ihren Plastiktöpfen auf dem Fensterbrett, die Platten lagen aufgestapelt neben der Haustür. Jedes Mal wenn ich das Haus verließ oder betrat, betrachtete ich sie eindringlich, aber ich wusste nicht, wie ich anfangen sollte. Ich kam mir albern vor, dass ich überhaupt auf die Idee mit dem Garten gekommen war.

Dann fragte Ella nach der Melone. Sie wollte wissen, wann die Blätter größer werden würden, die jetzt nur winzige Spitzen aus dem Boden steckten, und wann wir die Melone dann ernten konnten. Ich sah meine Tochter an und begriff: Wenn ich nicht wenigstens einen Versuch machte, die Pflanzen einzusetzen, würden sie auf unserem Fenstersims eingehen und ich würde meiner Tochter erklären müssen, dass ich ihre Melone zugrunde gerichtet hatte. Außerdem hätten wir fünfzig Dollar in den Sand gesetzt.

Obwohl ich nicht die richtigen Schuhe hatte und mein Spaten zu klein war, beschloss ich an jenem Tag, den Garten anzulegen. Ich grub den Boden um, brachte das Unkrautvlies aus und hob ein paar Löcher aus. Es war nicht die reine Freude; ich hasse Dreck unter meinen Fingernägeln, aber ich blieb dran, obwohl mir der Schweiß den Rücken hinunterlief. Die Blumen kamen in die Erde und ich begrenzte unser kleines Gärtchen mit Steinplatten, die aussahen, als hätte sie ein gleichgültiger Plattenleger gedankenlos auf dem Boden verteilt.

Aber ich hatte es geschafft. Ich hatte einen Garten angelegt.

Als ich mich aufrichtete, um mein Werk zu begutachten, bemerkte ich, dass die Melone noch nicht in der Erde war. Sie stand noch auf dem Fenstersims. Aber hinten in der Ecke war noch Platz für die Pflanze. Nachdem ich also ein letztes Loch gegraben hatte, setzte ich die Melone samt abbaubarem Pflanzgefäß in die Erde.

„Schau, Ella, das ist unser kleiner Garten."

„Wo ist die Melone?", fragte sie. (Sie weiß eben, was sie will.)

„Siehst du die kleinen grünen Blätter da vorn?" Ich wies auf die winzigen Melonentriebe, die aus der Erde ragten.

„Ja. Wann wachsen da Melonen dran?"

Ich schaute auf das Etikett. Oooaah. Ausgewachsene Früchte brauchten bis zu vier Monate. Vielleicht hatte ich doch die falsche Pflanze für ein Kleinkind ausgesucht.

Ich schob mir das Haar aus dem Gesicht und wischte mir den Schweiß von der Stirn. „Also, Süße, ich glaube, es braucht *ziemlich* lange, bis die Melone reif ist. Bis zu deinem Geburtstag und noch länger."

„Länger als bis zu meinem Geburtstag?"

Ich nickte. Wir redeten schon seit Monaten über ihren Geburtstag und es waren immer noch ein paar Wochen bis dahin. Für Ella war ihr Geburtstag das Entfernteste, was sie sich vorstellen konnte. Aber sie schien völlig unbeeindruckt von meiner Zeitangabe für die Melone.

Wir gossen die Pflänzchen noch und dann warf ich den Spaten ins Gras und ging ins Haus, um mir die Hände zu waschen.

Kindliche Hoffnung

Ein paar Wochen nach unserer Gartenaktion mit Melone kam der Zeitpunkt für Ellas Geburtstagsparty samt Prinzessinnenkleidern und Schokoladenkuchen. Ella genoss ihren Tag sichtlich; mir kamen fast die Tränen, als wir „Happy Birthday" für sie sangen und der Raum mit den Stimmen von Menschen schwirrte, die sie – und uns – lieben.

Später, beim Abendessen, redeten wir noch über den Tag und das Geburtstagsfest.

Ella mischte sich ein. „Die Melone, die ich mit Mami gepflanzt habe, braucht noch sehr lange, bis sie fertig ist." Sie machte eine Pause. „Aber wenn ich vier werde, ist sie bestimmt fertig." Dann warf sie begeistert die Arme in die Luft.

Ich starrte sie verblüfft an. Wir hatten tagelang schon nicht mehr von der Melone gesprochen. Und ich hatte bestimmt nicht gesagt, dass Ella warten müsste, bis sie vier wurde. Aber sie hatte verstanden: Bis sie vier wurde, würde es noch sehr lange dauern.

Als ich sah, wie ihre Augen vor Vorfreude leuchteten, begriff ich, welch unbändige Hoffnung in meiner Tochter lebte! Ella vertraute völlig darauf, dass die kleine Melonenpflanze die Frucht produzieren würde, die sie gern aß, selbst wenn es sehr, sehr lange dauern würde und selbst wenn ihre Mutter nur eine widerwillige und sehr mittelmäßige Gärtnerin war.

Ich knuffte sie in den Arm. „Du hast recht, Süße. Diese Melone wird wachsen. Und sie wird noch *vor* deinem vierten Geburtstag reif sein."

„Juhu", quietschte Ella.

Der Lohn des Wartens

Ellas Hoffnung überraschte mich – nicht nur an ihrem Geburtstag, sondern auch jetzt noch, wo wir weiter darauf warten, dass die Melone blüht und wächst. Ella freut sich unbändig auf die Melone, auch wenn sie sich nicht vorstellen kann, wie und wann sie wachsen wird. Aber sie glaubt daran, dass es geschieht, und sie ist bereit zu warten, bis es so weit ist, auch wenn sie sich die Zeitspanne nur vage vorstellen kann. Sie würde sogar ein Viertel ihrer Lebenszeit warten – bis sie vier wird! – und die ganze Zeit darauf vertrauen, dass sie eines Tages den Lohn für ihr Warten kosten wird.

Dieser kindliche Glaube lehrt mich so vieles über die Hoffnung. Weil ich ja auch weiß, was ich wünsche und worauf ich warte.

Ich wünsche mir Heilung. Ich glaube daran, dass es geschehen wird, und ich bin bereit zu warten, bis es so weit ist, auch wenn ich mir die Zeitspanne nur vage vorstellen kann. Und zum Glück ist meine Hoffnung viel sicherer begründet als die meiner Tochter. Anders als die Melone in den Händen einer ungeübten Gärtnerin liegt mein Leben in den Händen eines verlässlichen und liebenden Gottes, eines Gottes, der nie zögert, mir zu helfen oder mir zu geben, was ich brauche. Ich kann in der Hoffnung leben, dass Gott mich zu der Frau werden lässt, die ich sein soll, und dass er mich einmal vollständig heilen wird, auch wenn es bis dahin noch sehr, sehr lange dauert. Ich habe auch bereits mehr als ein Viertel meines Lebens mit Warten verbracht. Und selbst wenn ich mein ganzes Leben lang warten muss, weiß ich doch, dass ich eines Tages den Lohn meines Wartens kosten werde.

Inzwischen kann ich darauf bauen, dass ich in den Händen des besten Gärtners für Leib und Seele bin. Er begießt und düngt und pflegt uns sachkundig und liebevoll; er weiß genau, was wir brauchen, um zu gedeihen und zu den Menschen heranzuwachsen, als die er uns geschaffen hat. Er versteht unser Warten und er kümmert sich darum – er ist der gütigste und beste Gärtner, den es gibt, der König, der eines Tages in bunter Fülle und zum genau richtigen Zeitpunkt alles zum Blühen bringen wird. Und während ich warte, dass die Knospen des neuen Himmels und der neuen Erde durch den Boden dieser irdischen Wirklichkeit brechen, während ich warte, dass Christus sein Reich in Fülle aufrichtet, mache ich es wie Ella: Ich warte voller Hoffnung.

Ich hoffe voller Erwartung auf das kommende Reich. Ich weiß, wenn ich auf dieser Erde auch für immer *mit* meiner Krankheit Jesus folge, aber bei ihm bleibe, dann ist das genug für mich. Ich hoffe auf seine Liebe und seinen Trost; ich vertraue darauf: Wenn er mitten in meinem Kummer und meinen Kämpfen bei mir ist, dann ist das genug für mich. Ich hoffe auf seine Güte und seine Wahrhaftigkeit und habe verstanden: Auch wenn ich meinen Weg auf Erden immer nur in Schwachheit gehe, aber er mein Erbteil ist, dann werde ich zufrieden sein. Er ist gut und er ist mein Heiler. Heute oder morgen oder am Ende aller Tage – eines Tages *werde* ich geheilt. Eines Tages springt die Knospe auf und die Blüte entfaltet sich. Bis dahin will ich so nah bei Jesus bleiben, wie ich kann, und ihm folgen, wohin er mich führt. Denn ich weiß: Eines Tages werde ich nicht mehr wie die Frau mit dem Blutfluss sein, die sich nach dem Saum seines Gewandes bückt.

Ich werde in seinen Armen sein.

Hat Ihnen dieses Buch gefallen?
Schreiben Sie's uns auf www.brunnen-verlag.de.
Ihre Meinung zählt!

Anmerkungen

1   „Trichotillomania Statistics: The Numbers behind Hair Pulling Disorder",
    TrichStop, http://www.trichstop.com/info/general/trich-statistics.

2   C. S. Lewis, *Das Gewicht der Herrlichkeit und andere Essays* (Basel: Brunnen,
    1982), 101f.

3   Lexicon: Strong's G769: „Astheneia", Blue Letter Bible, https://www.bluelet-
    terbible.org/lang/lexicon/lexicon.cfm?Strongs=G769&t=ESV.

4   Ebd.

5   See David Instone-Brewer, „Choosing a Legal System in Early Judaism",
    http://www.tyndale.cam.ac.uk/Tyndale/staff/Instone-Brewer/LegalSystems.
    htm. Weitere Informationen über die Bedeutung der Mitgift in der jüdischen
    Kultur in: *Review of Rabbinic Judaism: Ancient, Medieval, and Modern*, http://
    booksandjournals.brillonline.com.

6   R. C. H. Lenski, *The Interpretation of St. Mark's Gospel* (Minneapolis: Augs-
    burg Fortress, 2008), 220f.

7   Darrell L. Bock, *Luke, The IVP New Testament Commentary Series* (Downers
    Grove, IL: InterVarsity Press, 1994), 159.

8   Ebd.

9   Bock, *Luke*, 159.

10 C. S. Lewis, Das Gewicht der Herrlichkeit, a.a.O., 105.

11 Elisabeth Elliot, *Passion and Purity* (Grand Rapids, MI: Revell, 2002), 89.
    Deutsch unter dem Titel: *Eine harte Liebe: zwischen Reinheit und Leidenschaft*
    (Bielefeld: CLV, 2010).

12 Elisabeth Elliot, *Quest for Love* (Grand Rapids, MI: Revell, 2002), 133f.
    Deutsch unter dem Titel: *Liebe kann warten* (Bielefeld: CLV, 2000).

13 James R. Edwards, *The Gospel according to Mark,* The Pillar New Testament
    Commentary (Grand Rapids, MI: Eerdmans, 2002), 163.

14 Steven Phillipson and Christopher Gibson, „Hair Pulling a.k.a., Trichotillo-

mania: A Simple Habit or a Complex Diagnosis?" Center for Cognitive-Behavioral Psychotherapy, OCD Online, http://www.ocdonline.com/trichotilomania.

15 James R. Edwards, *The Gospel according to Mark*, 163.

16 Samuel R. Chamberlain, Lara Menzies, Barbara J. Sahakian und Naomi A. Fineberg, „Lifting the Veil on Trichotillomania", *The American Journal of Psychiatry* 164, Nr. 4 (April 2007): 568–574, http://ajp.psychiatryonline.org/doi/full/10.1176/ajp.2007.164.4.568.

17 Hugh Grubb, „Recovering from the Trauma of Trichotillomania", Trichotillomania Learning Center Newsletter, 1997.

18 Gary M. Burge, *Encounters with Jesus* (Grand Rapids, MI: Zondervan, 2010), 6.

19 Ebd., 47.

20 Siehe 1. Mose 22; Daniel 3; 6; Esther 4–5; Lukas 1; Matthäus 1; 9; 27.

21 Bruce J. Malina und Jerome H. Neyrey, „Honor and Shame in Luke-Acts: Pivotol Values of the Mediterranean World" in: *The Social World of Luke-Acts: Models for Interpretation,* Hg. von Jerome H. Neyrey (Peabody, MA: Hendrickson, 1991), 42.

22 Burge, *Encounters,* 48.

23 John Piper, *Risk Is Right: Better to Lose Your Life Than to Waste It* (Wheaton, IL: Crossway, 2013), 19.

24 Ebd., 20.

25 Burge, *Encounters,* 53.

26 Burge, *Encounters,* 48.

Bibelübersetzungen

Die verwendeten Bibelübersetzungen sind wie folgt gekenn-
zeichnet:

BaB – BasisBibel. Das Neue Testament und die Psalmen,
© 2012 Deutsche Bibelgesellschaft, Stuttgart.
EÜ – Einheitsübersetzung der Heiligen Schrift
© 1980 Katholische Bibelanstalt, Stuttgart.
GNB – Gute Nachricht Bibel, revidierte Fassung, durchgese-
hene Ausgabe,
© 2000 Deutsche Bibelgesellschaft, Stuttgart.
NGÜ – Bibeltext der Neuen Genfer Übersetzung – Neues
Testament und Psalmen. Copyright © 2011 Genfer Bibelgesellschaft.
Wiedergegeben mit freundlicher Genehmigung. Alle Rechte
vorbehalten.
NLB – Neues Leben. Die Bibel
© 2002 und 2006 SCM-Verlag GmbH & Co. KG, Witten.
NeÜ – NeÜ bibel.heute © 2010 Karl-Heinz Vanheiden,
www.derbibelvertrauen.de, und Christliche Verlagsgesellschaft
Dillenburg, www.cv-dillenburg.de.

Stacy und John Eldredge

Weißt du nicht, wie schön du bist?

Was passiert, wenn Frauen das
Geheimnis ihres Herzens entdecken

ISBN Hardcover 978-3-7655-1934-5
auch als E-Book und Hörbuch erhältlich

„Sanfte Schönheit" oder „wilde Frau" – was macht das Wesen
echter Weiblichkeit aus?
Für John und Stacy Eldredge haben Tatkraft, Mut und Selbstbewusstsein darin ebenso Platz wie das Bedürfnis, zu lieben
und geliebt zu werden.

Und welche Rolle spielt die Schönheit für das „schöne Ge-
schlecht"? Schönheit ist unabhängig von Diätplänen und Fit-
nessprogrammen. Sie ist ein Wesensmerkmal jeder Frau seit
Eva – oft genug verborgen hinter Schutzmechanismen, mit
denen wir uns vor den Verletzungen des Lebens schützen.

Aber sie kann wieder ans Licht treten, dort wo eine Frau ihre
ureigene Bestimmung entdeckt.

BRUNNEN VERLAG GIESSEN
www.brunnen-verlag.de

Alyssa Quilala

Morgen soll wieder mir gehören

Hoffnung, wenn alles anders kommt

ISBN Taschenbuch 978-3-7655-4322-7
auch als E-Book erhältlich

Wir müssen uns nicht komplett von unseren Lebensumständen bestimmen lassen. Wir haben alle die Freiheit zu entscheiden, wie wir reagieren wollen.

Alyssa Quilala

Wo ist Gott, wenn das Leben wehtut? Alyssa Quilala weiß genau, wie es sich anfühlt, wenn im Leben plötzlich alles ganz anders kommt. Wenn einem der Boden unter den Füßen weggezogen wird. Ihr drittes Kind stirbt vier Wochen vor dem Geburtstermin im Mutterleib. Tiefe Trauer und Bitterkeit überkommen sie. Doch die junge Mutter bleibt nicht dort stehen. Sie entscheidet sich, an der Hoffnung festzuhalten. Ihr Weg zu Trost und Heilung führt direkt in das liebende Vaterherz Gottes.
Eine ermutigende Geschichte, Gott auch in der Dunkelheit zu vertrauen.

BRUNNEN VERLAG GIESSEN
www.brunnen-verlag.de

Sheila Walsh

Hinter dem Lächeln die Tränen

Eine wahre Geschichte

Taschenbuch
ISBN 978-3-7655-3852-0

Kennen Sie das – von sich oder einer Freundin: Außen das Lächeln – innen die Tränen? Außen starke Frau – innen verwundet? Diese ehrliche Geschichte von Sheila Walsh zeigt, was Selbstzweifel, Komplexe, unverständliche Abwehrreaktionen, Einsamkeitsgefühle, Leere, Depressionen, Essstörungen … zu tun haben können mit alten Wunden – und: was diese Wunden endlich heilen lässt.

Eine wahre Mutmach-Geschichte – ein Geschenk für Sie selbst und Ihre beste Freundin!

BRUNNEN VERLAG GIESSEN
www.brunnen-verlag.de